FACULTÉ DE DROIT DE PARIS

DE L'ÉTABLISSEMENT ET DE L'EXTINCTION DES SERVITUDES RÉELLES PAR LA PRESCRIPTION

EN DROIT ROMAIN ET EN DROIT FRANÇAIS

PAR

ALFRED PINEAU
né à Aulnay (Charente-Inférieure)

PARIS
F. PICHON, IMPRIMEUR-LIBRAIRE,
14, RUE CUJAS ET 7, RUE VICTOR-COUSIN
—
1875

FACULTÉ DE DROIT DE PARIS

DE

L'ÉTABLISSEMENT ET DE L'EXTINCTION

DES SERVITUDES RÉELLES PAR LA PRESCRIPTION

EN DROIT ROMAIN

ET EN DROIT FRANÇAIS

THÈSE POUR LE DOCTORAT

PAR

ALFRED PINEAU

né à Aulnay (Charente-Inférieure)

L'acte public sur les matières ci-après sera soutenu le
samedi 17 *juillet* 1875 *à* 1 *heure* 1/2

PRÉSIDENT : M. LABBÉ,

SUFFRAGANTS : MM. DEMANTE, BEUDANT, LEVEILLÉ, PROFESSEURS.
GARSONNET, AGRÉGÉ.

PARIS

F. PICHON, IMPRIMEUR-LIBRAIRE,

14, RUE CUJAS ET 7, RUE VICTOR-COUSIN

1875

A MON PÈRE

A MA MÈRE

A MON FRÈRE

DROIT ROMAIN

DE L'ÉTABLISSEMENT ET DE L'EXTINCTION DES SERVITUDES RÉELLES PAR LA PRESCRIPTION

CHAPITRE PREMIER

DE L'ÉTABLISSEMENT DES SERVITUDES PRÉDIALES PAR L'USUCAPION ET LA PRESCRIPTION DE LONG TEMPS

La notion des servitudes, chez les Romains comme chez tous les peuples, a dû apparaître, plus ou moins confuse, en même temps que la notion de la propriété, ou, du moins, peu de temps après celle-ci. Il est à croire, en effet, que la théorie des servitudes qui complètent et restreignent tout à la fois la propriété, a pris naissance à l'époque où l'idée de la propriété est sortie des relations de voisinage, c'est-à-dire à l'origine même du peuple romain. Cette théorie, d'abord et nécessairement très-limitée, ne reçut ses développements qu'au fur et à mesure des progrès du droit. Les premières restrictions apportées à la propriété furent sans doute celles que nous appelons servitudes naturelles ou légales et avant tout le bornage. Nous n'avons d'ailleurs sur ces époques primitives aucune donnée précise, mais il est permis de penser qu'il en fût chez les Romains comme chez les Hébreux auxquels la loi de Dieu prescrivait le respect des bornes : « Non » assumes nec transferes terminos proximi tui » quos fixerunt priores in possessione sua. » Deutér. cap. 19. v. 24. »

Quelques passages des auteurs fortifient ces conjectures. Denys d'Halicarnasse rapporte cette loi de Numa : « qui terminum exarassit ipse et boves ejus » sacri sunto, » loi qui dévouait aux dieux infernaux le laboureur et mêmes les bœufs qui avaient violé des limites.

D'après Festus au mot *ambitus* et *amsegetes ;* Cicéron *pro Cæcina* § 19, la loi des Douze-Tables mentionnait les servitudes naturelles. Gaius C. 8. D. 8, 3. dit que la largeur de la voie était fixée par la loi des Douze-Tables. Quoiqu'il en soit, nous le répétons, on ne peut rien affirmer sur ces temps reculés, et l'origine de l'usucapion que nous allons étudier dans son application aux servitudes prédiales est également très-incertaine. A quelle époque les Romains en comprirent-ils la nécessité ? On peut croire que ce fut de bonne heure, car l'imperfection de leur système de preuves, et leur haine de l'esprit processif durent bien vite faire ressortir le principal avantage de cette institution.

De nouveaux doutes s'élèvent sur le point de savoir à quel moment de l'histoire du droit romain l'usucapion fut admise en matière de servitudes, et si elle fut admise dès le principe. La loi des Douze-Tables rejetait ce mode d'établissement, car elle ne reconnaissait comme susceptibles de possession et d'usucapion que les choses corporelles. Il semblait que les servitudes ne pussent être possédées, car, nous dit Ælius-Gallus sur Festus v° poss : « Possessio est usus quidam agri, aut ædificii, non ipse » fundus aut ager. Non enim possessio est, nisi in » rebus quæ tangi possunt. » Cependant une disposition nouvelle s'établit postérieurement à la loi des Douze-Tables, Cicéron, pr. Cœc. § 26, nous le montre, en se plaignant que les jurisconsultes aient introduit l'usucapion des servitudes contre les termes de la loi décemvirale. Enfin un passage trop court d'une loi de Paul rapporte en quelques mots l'abrogation de l'usucapion appliquée aux servitudes par une loi célèbre, la Loi Scribonia. « Eam usu» capionem sustulit lex Scribonia, quœ servitutem » constituebat » l. 4. § 29 D, liv. 41, tit. 3. Si cette loi fut portée pour interdire l'usucapion de servitudes, c'est que cette usucapion avait été permise jusque-là. Cette loi, postérieure à Cicéron puisque celui-ci, dans son plaidoyer *pro Cœcina* se plaint de l'usucapion des servitudes, avait probablement pour auteur un Scribonius consul. Quelle en est la date exacte ? Autre incertitude. Question oiseuse du reste, car en l'absence de documents précis, nous ne pouvons sur ce point non plus, émettre que des conjectures.

Nous diviserons notre étude en trois périodes. Dans la première période qui s'étend jusqu'à la loi Scribonia, mais dont le point de départ est incertain l'usucapion des servitudes était permise. Dans la seconde et dans la troisième elle fut défendue, mais l'acquisition des servitudes au moyen d'une possession prolongée fut permise de nouveau à partir de la troisième époque, et recouvra même le nom originaire par une réforme dûe à Justinien et qui n'eût qu'une importance nominale.

Première période.—Nous n'avons presque rien à en dire car le droit romain est muet sur cette époque. Toujours est-il que les servitudes pouvaient alors s'acquérir *usus auctoritate*, autrement la loi Scribonia n'aurait pas eu de raison d'être. On peut se demander, toutefois, pourquoi la loi des Douze-Tables défendant l'usucapion des servitudes, la jurisprudence postérieure permit cette usucapion, et pourquoi la loi Scribonia, revenant à la décision des Douze-Tables, crut devoir la prohiber. Nous en avons déjà donné un motif, la loi décemvirale ne permettait l'acquisition par l'usucapion que des choses corporelles, mais ce motif est-il bien satisfaisant ? Est-il vrai de dire que la possession, condition essentielle de l'usucapion, n'est pas possible des choses incorporelles telles que les comprenaient les juriconsultes romains? Non, à notre avis, cette distinction était inexacte, et conduisait à des résultats mauvais. Elle identifiait, elle identifie encore aujourd'hui, car elle a passé dans notre droit, la propriété avec son objet en la qualifiant de chose corporelle, puis elle opposait à la propriété ainsi comprise les autres droits réels, qu'elle qualifiait de choses incorporelles. Se fondant sur cette distinction, les Romains décidaient avec beaucoup de logique que la possession, (qui se manifeste par des actes extérieurs), n'est possible que sur les choses corporelles et que la possession, et partant l'usucapion, n'était pas admissible en fait de choses incorporelles autrement dit de servitudes. Le point de départ était faux. Car, nous le demandons, n'était-ce pas une méthode vicieuse que de placer d'un côté le droit de propriété confondu avec son objet, et d'un autre coté les servitudes considérées comme droits purs et abstraction faite de leur objet! Au point de vue qui nous occupe il n'existait aucune raison de les distinguer. Les servitudes, démembrements du droit réel par excellence, participent de la nature de ce droit. De plus, comme ce droit et comme tous les droits, elles consistent dans un rapport entre un sujet actif et un sujet passif, et se traduisent par des actes matériels sur la chose sujet passif du droit. Donc identité de nature et nécessité d'appliquer aux servitudes l'usucapion. Les jurisconsultes postérieurs à la loi des Douze-Tables, dédaignant cette division des choses en corporelles et incorporelles, pour s'attacher à leur véritable nature, avaient conçu des servitudes une idée plus exacte, puisque l'usucapion était admise par eux en cette matière. Ils tenaient compte et du droit et de l'objet du droit, et de ce point de vue complet ils déduisaient la possibilité de la possession et partant de l'usucapion. Cette idée de la possession très-compatible avec l'idée des servitudes, fut écartée bientôt, ce qui nous conduit à la seconde période.

Deuxième période. — Des textes nombreux de l'époque classique nous présentent les servitudes comme non susceptibles de possession, soit pour écarter l'acquisition de celles-ci par la tradition, soit pour en prohiber l'usucapion (L. 14, § 1. D. 8-1. — L. 43. D. 41-1. — L. 10. § 1. D. 41-3). « Comment, dit M. Accarias, s'écarta-t-on de ce point de vue si naturel? Ce fut sans doute lorsque le droit cessant d'être une simple pratique pour devenir une science on essaya de soumettre la possession à une analyse rationnelle. L'analyse des premiers jurisconsultes fut superficielle. Ils furent dupes de cette distinction des *res corporales* et des *res incorporales* qui aboutit à qualifier choses corporelles les droits de propriété. Appelant *corpus* l'élément physique que la possession exige, il leur parut évident que cet élément ne saurait se réaliser à l'égard des choses qui n'ont pas de corps; ils ne prirent pas garde que si le droit de servitude est incorporel, le droit de propriété l'est tout autant Que la chose corporelle qui fait l'objet d'un droit de propriété ne cesse pas, en tant que soumise à un droit de servitude, d'être corporelle, et, qu'enfin, si la chose se prête à des actes matériels correspondant au droit de propriété, elle se prête tout aussi bien à des actes de même nature correspondant au droit de servitude. »

Le même reproche peut être adressé à plusieurs jurisconsultes de l'époque classique. A Paul, qui nous dit en parlant des servitudes urbaines et rurales « tamen incorporales sunt, et ideo usu non » capiuntur » (l. 14, § 1, D. 8-1); à Ulpien « Incor» porales res traditionem et usucapionem non reci» pere manifestum est » (L. 43, § 1, D. 41-3); Ulpien nous dit encore « Hoc jure utimur ut servi» tutes per se nusquam longo tempore capi pos» sint, cum ædificiis possint » (L. 10. D. 41-3).

Mais, à Rome, cette manière d'entendre les servitudes ne constituait pas une une doctrine absolue. Ce qui le prouve, c'est l'inconséquence dans laquelle le législateur était tombé en rangeant les servitudes de fonds rustiques, quoique *res incorporales*, parmi les *res mancipi*, bien que la *mancipatio* exigeât un objet susceptible d'appréhension de la part de l'acquéreur. « Adeo qui» dem ut eum qui mancipio accipit adprehendere » id ipsum quod ei datur mancipio necesse sit : » unde etiam mancipatio dicitur, quia manu res » capitur. » Cette fois on pourrait dire que les jurisconsultes sont allés trop loin en identifiant la servitude avec le sol qui devait être représenté dans l'acte de mancipation. Du reste, la forme symbolique, usitée dans les actes juridiques des premiers temps, justifie suffisamment cette inconséquence.

Toujours est-il que si cette division des choses en corporelles et incorporelles avait été rigoureusement maintenue dans ses conséquences logiques, l'acquisition des servitudes par la possession n'aurait jamais été permise, et la prohibition de la loi Sribonia eût été indéfiniment en vigueur. Mais dès le premier siècle de notre ère, le préteur avec cette réserve qui caractérisait toutes ses innovations introduisit une idée nouvelle et un mot nouveau, contraint qu'il était par la force des choses de rétablir l'acquisition des servitudes par la possession prolongée.

Troisième période. — On voit apparaître la quasi-possession (L. 23, 2, 4, 6. L. 10, pr. D.8, 5). Mais cette quasi-possession est, en fait si conforme à la véritable possession des *res corporales* que des textes lui en donnent le nom (L. 3. D. 7, 6) et qu'Ulpien lui-même qui rejette la possession des *res incorporales* (L. 8, § 1, D. 14, 1), reconnaît dans cette quasi-possession l'élément matériel de la possession proprement dite, la *detentio* (L. 1, § 5. D. 43, 25). Cette notion reparaît dans la législation sous la pression de réformes indispensables qui se manifestèrent par l'admission de la *præscriptio longi temporis*, usucapion plus lente, désormais appliquée aux servitudes. En second lieu, le préteur consacra la quasi-tradition des servitudes et leur acquisition par ce mode, conséquence immédiate et inévitable de l'admission de la quasi-possession. Enfin, il introduit les interdits *veluti possessoria* (L. 20. D. 8, 1).

En somme, dans le dernier état du droit classique, la possession s'entend aussi bien des *res incorporales* qui sont les servitudes, que de la propriété dont une seule différence les sépare. La possession des servitudes ne conduit qu'à une *præscriptio longi temporis*, au lieu de conduire à une usucapion rapide comme dans la première période. Peut-être pourrait-on expliquer par l'insuffisance de la possession, ces tâtonnements de la loi qui d'abord rejette l'usucapion des servitudes, l'admet ensuite pour la rejeter de nouveau par la loi Scribonia, et finalement la permet, mais moyennant un laps de temps beaucoup plus long qu'à l'origine. Les premières servitudes furent en effet les servitudes rurales presque toutes discontinues, les Romains dans le principe n'habitant que des maisons isolées, des *insulæ*, les servitudes urbaines n'apparurent que plus tard ; il n'est donc pas étonnant que les premiers législateurs aient été frappés des caractères de la possession des servitudes rurales, qui ne s'exercent que par des actes ordinairement moins rapprochés que la possession d'un *dominus*. L'absence de cette continuité, ou plutôt de cette répétition fréquente des actes de possession, les eût donc autorisés, dans une certaine mesure, à repousser l'usucapion, règle admise dans notre droit pour les servitudes discontinues, dont l'exercice n'a lieu aux yeux de la loi qu'à titre de tolérance et de bon voisinage.

Une autre conjecture a été faite, et celle-ci relative seulement à la loi Scribonia. Comment pourrait-on justifier l'apparition de cette loi, se demandent quelques auteurs? Elle a été portée, se disent-ils, dans un but d'unification, pour ramener sous l'empire d'une règle unique, l'acquisition des servitudes par la possession prolongée. Jusque-là, les servitudes urbaines seules avaient été admises à l'usucapion, et le législateur sentit le besoin de poser un principe unique applicable à toutes les servitudes, la possibilité de la seule *præscriptio longi temporis* qui déjà probablement fonctionnait. Mais tel fut-il le but de la loi Scribonia? Il est permis d'en douter, car les Romains plaçaient sur la même ligne les servitudes urbaines et rurales. (Paul, L. 14, pr. *de servit.* : « Incorporales sunt, et » ideo usu non capiuntur, » dit-il en parlant des servitudes rurales, puis il ajoute : « idem et in ser» vitutibus prædiorum urbanorum observatur. » Ainsi, le seul motif qu'il donne de l'impossibilité d'usucaper les servitudes sans distinguer entre les servitudes rurales et les servitudes urbaines, c'est qu'elles sont des *res incorporales*. On peut induire de ce texte que les Romains n'attachaient aucune importance à cette distinction quant à la possibilité ou à l'impossibilité d'acquisition par l'usage. La loi Scribonia d'était donc pas inspirée par le besoin d'unifier la législation romaine déjà une pour les deux catégories.

Mais revenons à l'étude de la troisième période. Elle est caractérisée, avons-nous dit, par l'introduction de la quasi-possession qui apparaît vers la fin du premier siècle de l'ère chrétienne. Javolenus, en effet, nous parle d'un *usus* de la servitude qu'il assimile à la tradition, « ..... ego puto usum ejus juris » pro traditione possessionis accipiendum esse ; » et Javolenus n'était pas le premier jurisconsulte qui eût admis la quasi-possession, car il ajoute : « ideo» que interdicta veluti possessoria constituta » sunt. »

Le préteur s'empare de cette idée et en tire deux nouveaux modes d'établissement des servitudes, la quasi-tradition et la prescription de long temps. Mais les servitudes établies par simple quasi-tradition, et plus généralement celles qui n'existent que selon le droit prétorien, ne sont protégées que par des actions confessoires utiles, ou par des exceptions. (L. 16, *si serv. vindic.*) En fait, du moins, les servitudes s'acquerront désormais par la prescription *longi temporis*, le mot, il est vrai, ne se rencontre pas à propos des servitudes, mais les jurisconsultes emploient dans une foule de textes des mots équivalents qui ne laissent aucun doute sur la nature de ce nouveau mode d'établissement, par exemple « diuturnus usus, longa

» quasi-possessio, longa consuetudo, longi tempo-
» ris consuetudo. »

Une Constitution d'Antonin (L. 1, 6, liv. 3, t. 34) s'exprime ainsi : « si quas actiones adver-
» sus eum qui ædificium contra veterem formam
» extruxit, ut luminibus tuis officeret, competere
» tibi existimas ; more solito (per judicem) exercere
» non prohiberis : is, qui judex erit, *longi temporis*
» *consuetudinem vicem servitutis obtinere sciet :*
» modo si is, qui pulsatur, nec vi, nec clam, nec
» precario possidet. »

Deux observations sur ce texte. 1° Il ne parle que d'une servitude urbaine ; est-ce à dire que la *consuetudo longi temporis* n'eût pas le même effet à l'égard des servitudes rurales? Non, car nous trouvons des textes qui démentent cela pour une servitude rurale au moins. (LL. 10. D. 8, 5, et 2, D. 8, 1, *le jus aquæ ducendæ*). « On ne saurait essayer de voir là, dit M. Machelard, une règle spéciale, propre à la servitude d'aqueduc. Rien n'indique une semblable particularité. Ce qui est invoqué pour fonder l'existence du droit, c'est la durée de la possession, la *longa consuetudo*, et l'influence de la possession était admise sans difficulté quant aux servitudes rurales à l'occasion desquelles existaient des interdits possessoires. Il faut donc renoncer à établir une distinction entre les deux classes de servitudes en ce qui concerne leur acquisition au moyen de la possession. »

2° La constitution d'Antonin subordonne l'acquisition de la servitude : aux trois conditions, *nec vi, nec clam, nec precario*, et n'en exige pas d'autres. Il semblerait dès lors que cette nuance qui distingue l'expression de *longi temporis possessio* de l'expression de *longi temporis consuetudo* ou autres équivalentes a son importance, et que le législateur et les jurisconsultes emploient à dessein la seconde de ces expressions. Nous verrons bientôt si véritablement une possession qui réunit ces trois caractères est suffisante pour faire acquérir les servitudes.

Le préteur avons-nous dit plus haut, accordait après un long usage, des interdits qui dispensaient de recourir à l'action confessoire. Ainsi, pour n'en citer qu'un, il accordait l'interdit de *itinere actuque privato* quand la servitude de passage existait depuis de longues années : « si quis servitutem jure impositam non habeat, habeat autem velut longœ possessionis prœrogativam ex eo quod diu usus est servitute, interdicto hoc uti potest » L. 5, § 3, D. 43, 19. Quant au droit de prise d'eau que nous avons indiqué plus haut comme exemple de servitude rurale que l'on pouvait acquérir par la *longi temporis consuetudo*, les textes ne manquent pas, soit dans le code Théodosien, soit dans le Digeste, soit dans le code de Justinien, pour prouver que la jurisprudence avait coutume de les confirmer. Ulpien dit : « si quis diuturno usu et longa quasi possessione jus aquœ ducendœ nanctus sit, non est ei necesse docere de jure, quo aqua constituta est, veluti ex legato, vel alio modo; sed utilem habet actionem, ut ostendat per annos forte tot usum se, non vi, non clam, non precario possedisse » L. 10, p., D. 8, 5. Même décision dans un rescrit de l'empereur Antonin : « si aquam per possessionem Martialis, eo sciente duxisti, servitutem exemplo rerum immobilium tempore quæsisti » L. 2. L. 3, 34. Ces quelques mots ont fait naître une grosse question.

On s'est demandé si Antonin entendait assimiler par là la prescription des servitudes à celle de la propriété des immeubles. Si oui, il faudrait en conclure que dès cette époque, l'acquisition des servitudes prédiales ne peut s'accomplir que par une possession de dix ans entre présents, de vingt ans entre absents, comme pour les immeubles, et que les conditions ordinaires de la prescription de long temps deviennent aussi nécessaires, à savoir, outre l'usage et la bonne foi, une juste cause d'acquisition et l'absence de vice dans la possession.

Mais faut-il voir dans cette phrase, une assimilation rigoureuse ? L'empereur n'aurait-il pas voulu dire simplement, de même que les choses immobilières peuvent être acquises par le long temps, de même pourront l'être les servitudes prédiales ? L'ordre des constitutions dans le code semble bien le montrer. Car cette loi 2 suit immédiatement une autre constitution du même Empereur, dans laquelle Antonin expose les conditions de l'acquisition des servitudes par l'usage, sans mentionner ni une période de temps déterminée, ni la nécessité d'une juste cause : « modo si is qui pulsatur, nec vi, nec clam, nec precario possidet » L. 1. C. 3, 34.

La question reste douteuse pour l'époque classique. Justinien ne paraît pas avoir tranché définitivement cette dificulté. Résolvant différentes questions qui lui étaient soumises à l'occasion des choses immobilières il leur assimile à la vérité comme Antonin les servitudes prédiales, mais d'une façon incidente. Il n'est pas probable qu'il s'agisse dans la L. 12 C. 33, d'une assimilation complète. En interprétant cette constitution aussi strictement que possible on trouverait qu'il exige seulement la bonne foi au commencement de la possession et un usage de dix ans contre présents, de 20 ans contre absents. Au reste il semblerait aux termes de cette constitution que ces conditions fussent suffisantes : elle n'en exige point d'autres, ni pour les unes ni pour les autres il n'y est question de la nécessité d'une juste cause, et cependant cette juste cause est exigée par les Institutes pour l'acquisition des choses immobilière : « Novissime » sciendum est rem talem esse debere ut in se non » habeat vitium ut a bonæ fidei emptore usucapi » possit, vel qui ex justa causa possidet. » Au surplus mettons en regard de cette disposition la constitution dont il s'agit. « Cum in longi temporis » præscriptione tres emergebant veteribus ambi» guitates, » Justinien a bien l'intention d'en finir avec les anciennes difficultés, « onmes eas præsentis » legis amplectimur definitione, ut nihil citra eam

» relinquatur. Sancimus itaque debere in hujus » modi specie, utriusque personæ, tam petentis » quam possidentis spectare domicilium, et si uter» que domicilium in eadem habeat provincia, cau» sam inter præsentes videri esse, et decennii magis » præscriptione agentem excludi..... tunc, ut inter » absentes causam disceptari et locum esse vigenti » annorum exceptioni..... nemo post hac dubitet, » neque inter præsentes, neque inter absentes, » quid statuendum sit, ut bono initio possessionem » tenentis, et utriusque partis domicilio requisito » sit expedita quæstio pro rebus ubicumque positis; » nulla scientia vel ignorantia exspectanda...... » *Eodem observando, et si res non soli sint, sed* » *incorporales, quæ in jure consistunt, veluti usus* » *fructus et cæteræ servitutes.* »

Ainsi Justinien après avoir annoncé l'intention de mettre fin aux *tres ambiguitates*, laisse la question aussi douteuse qu'avant, et ne nous fournit aucun moyen de décider si la *consuetudo longi temporis* était, sous le rapport des délais, distincte ou non de la *longi temporis præscriptio*. Ce qui est certain c'est que le mot était différent, on en a conclu que la chose était différente à certains égards et cette manière de voir est corroborée par le silence de Justinien et des jurisconsultes de l'époque classique. De tous les textes de cette époque qui se réfèrent à notre question, aucun ne donne une décision explicite, l. 5, § 3. D. 43, 19. L. 2. C. 3, 34. Ulpien L. 10, D. 8, 5, reste dans le vague

« utilem habet actionem ut ostendat *per annos forte* » *tot* usum se. » De même la loi 1, § 23, D. 39, 3 ne dit rien des délais. Mais cette considération ne satisfait pas M. Machelard, et notre savant maître, dans sa dissertation critique sur les distinctions des servitudes, la combat par une observation sur la loi 10, D. 8, 5, elle-même.

En effet cette loi mentionne à la fois et place sur la même ligne le *diuturnus usus* et la *longa possessio*, or, chez les Romains, parler du *longum tempus* c'était, dit M. Machelard, désigner un délai dont les limites étaient bien connues, savoir, dix ans entre présents, vingt ans entre absents, ainsi que le dit Paul, Sent. liv. 5, t. 5 § 8. M. Machelard considère d'ailleurs la L. 2, C. 3, 34, comme tranchant catégoriquement notre difficulté en ce qu'elle dit que l'acquisition des servitudes par le bénéfice du temps s'opère « exemplo rerum immobilium. » Ces quelques mots, comme nous l'avons vu, ne sont peut-être pas très-concluants, mais qu'on nous permette une remarque à l'appui de cette opinion.

Ulpien, pas plus que les autres jurisconsultes, dans les textes cités, ne se proposait de dire combien il fallait d'années pour l'établissement des servitudes. Ce n'était pas la *subjecta materia* de ces textes. Ainsi Ulpien voulait simplement montrer que celui qui a possédé une servitude « diuturno usu, » longa quasi-possessione » peut invoquer une action utile, rien de plus. Pour le temps il s'est référé sans doute au droit commun et n'en examine pas la durée. Il n'y a donc aucune conclusion à tirer de ce qu'Ulpien ne précise pas. Il n'est pas vague parce que le nombre d'années est indéterminé, il est vague à dessein, parce qu'il n'entrait pas dans son intention de fixer ce chiffre. D'ailleurs s'il avait parlé avec précision d'une des conditions de la *longa possessio*, n'était-il pas conduit à examiner de même toutes les autres, ce qu'il voulait probablement éviter, n'ayant qu'un but, dire que le *diuturnus usus* engendre une action utile. Si ces différentes considérations ne paraissent pas déterminantes, ni en un sens ni dans l'autre, il n'en est pas moins certains que l'expression de *diuturnus usus* de *longa quasi-possessio* n'indique nullement une possession aussi courte que celle de l'usucapion. Deux années de possession ne peuvent constituer un *diuturnus usus*. Il y avait donc un grand intérêt à la prohibition de l'usucapion en notre matière.

Quelques auteurs se fondent sur la l. 2 C. 3. 34, ont exigé la *scientia domini*, « si aquam per possessionem Martialis, eo sciente duxisti..... » mais, comme on l'a fait remarquer, il est évidemment abusif de transformer en régle de droit une circonstance de fait que relate uu rescrit. Dans l'espéce soumise à l'empereur Antonin, il y avait allégation d'une possession exercée au su de l'adversaire, et comme cette particularité avait de l'importance pour caractériser la possession invoquée, elle a dû être relevée par l'auteur du rescrit. Elle dispensait en effet celui qui invoquait la prescription de prouver ultérieurement la publicité de sa possessian. C'est précisément là ce qu'indique le décret en disant : si le *dominus* a connaissance du fait, tout dépend du point de savoir si votre possession est paisible on non.

Quid de la justa causa? Les textes cités plus haut n'en font pas mention. La loi 10. D. 8. 5. semble toutefois en dispenser, car elle n'exige qu'une chose une possession non vicieuse, *nec vi, nec clam, nec precario*: mais nous répéterons la même observation que ci-dessus. Ulpien ne songeait pas plus à régler cette condition, que celle du délai. En sens contraire on argumente de la loi 2. c. 3. 34 qui assimile la prescription des servitudes à celle des choses immobilières. Pour nous cette assimilation n'est pas concluante. Ce texte signifie-t-il que les servitudes comme les *res immobiles*, s'acquièrent par prescription, et rien de plus, ou que la prescription des servitudes exigeait toutes les conditions de la prescription des choses immobilières ? Les deux interprétations sont également vraisemblables. Gardons-nous de donner à ce texte une portée excessive. Ces quelques mots sont d'autant moins probants que la loi 1. c. 3. 34, qui précède donne gain de cause au possesseur *à la seule condition* qu'il ait possédé « nec vi, nec clam, nec precario, modo si is qui » pulsatur, nec vi, nec clam, nec precario possidet. » Ce *modo* paraît décisif.

Toutefois les auteurs ne se rendent pas tous à cette dernière raison « nous hésitons, pour notre compte, dit M. Machelard, à admettre sur ces seules données l'exclusion en cette occurrence d'une condition aussi importante de la *longa possessio* et nous ne voyons pas de motifs sérieux pour en dispenser. »

D'un autre côté Molitor croit que le juste titre, qui peut exister, n'est pas nécessaire. Ainsi la servitude peut être acquise par prescription, soit que l'on croie qu'une servitude est attachée à un fonds que l'on a acheté et que l'on exerce cette servitude, *nec vi, nec clam, nec precario*, soit que l'on ait reçu un titre pour la servitude, croyant celui de qui on l'avait acheté propriétaire du fonds assujetti.

Si donc la *justa causa* n'est pas exigée concluons-en qu'on peut acquérir la servitude *longo tempore* sans avoir traité même avec qui ce soit, tandis que que la propriété ne pourrait être acquise sans un titre susceptible de transférer la propriété.

On apporte à ceci une restriction qui d'ailleurs est commandée par les principes. « A l'égard des servitudes négatives, dit un auteur, la nécessité d'une *justa causa* ne saurait être écartée, puisqu'ici il n'y a pas de *quasi-possessio* sans le consentement du propriétaire ou de celui qui se prétend tel, ou que, tout au moins, une pareille *quasi-possessio* serait affectée d'un caractère évident de clandestinité ! Comment, par exemple, un propriétaire, qui pendant dix ou vingt ans s'abstiendrait de construire, pourrait-il se douter que son inaction va entraîner pour moi acquisition d'un *jus altius non tollendi*. Je ne puis donc prescrire cette servitude qu'autant qu'elle m'a été expressément consentie par une personne sans droit. »

On pourrait objecter que la loi 1, C. 3, 34, où il s'agit d'une servitude *ne luminibus officiatur*, servitude négative pourtant, n'exige rien de semblable.

Mais un examen de l'espèce fait disparaître l'objection.

Le texte suppose qu'une construction a été démolie, puis rebâtie sur un plan différent de l'ancien (*contra veterem formam*), or, antérieurement, elle ne gênait pas la vue du voisin, elle la gêne aujourd'hui. On ne peut assimiler cette hypothèse à celle d'un propriétaire construisant sur un terrain qui n'aurait jamais été bâti. Dans ce dernier cas, pour lui dénier le droit de construire de telle ou telle manière, je ne pourrais invoquer que son inaction antérieure, au contraire, dans l'espèce visée par le rescrit de Caracalla, je me fonde sur un état de fait préexistant, qui était l'œuvre du possesseur lui-même, ou de l'un de ceux qui ont possédé avant lui, état de fait qui m'a mis *in causa quasi-possidendi*. (Accarias, *Précis de droit romain*.)

Le propriétaire du fonds servant, qu'il prescrive la servitude avec ou sans titre, doit croire qu'il tient la servitude ou le fonds du propriétaire. En effet, il ne lui suffit pas d'avoir une possession paisible, publique et à titre de propriétaire, il faut encore pour que sa possession le conduise à la prescription, qu'elle soit de bonne foi, au moins dans le commencement. C'est là une condition distincte des qualités de la possession. La loi 1, § 10, D. 43, 20, requiert formellement la bonne foi en outre des trois autres conditions : « *sufficit si jure se ducere putavit, nec vi.....* » Ainsi il ne suffirait pas d'avoir exercé une servitude *nec vi, nec clam, nec precario*, sachant qu'on n'y avait aucun droit, mais le propriétaire du fonds assujetti se croyant tenu de cette servitude. Dans ce cas, les trois conditions seraient réunies, mais la bonne foi manquerait. En général, la bonne foi accompagnera une possession non violente, ni clandestine, ni précaire, on la présumera, mais il dépend de l'adversaire d'empêcher la prescription en prouvant l'absence de la bonne foi. Il empêchera également la prescription s'il prouve, par exemple, que la possession était violente, car on comprend très-bien une possession de bonne foi et violente.

Nous pouvons nous demander maintenant à qui incombe la charge de prouver que la prescription réunit les conditions requises. Il est tout naturel de l'imposer à celui qui se prévaut de sa possession. « Onus probandi incumbit ei qui dicit, non ei qui negat. » La L. 10, D. 8, 5, appliquant cette règle à l'espèce qu'elle examine, nous dit en effet, « ....ut ostendat per annos forte tot usum se non vi, non clam, non precario possedisse. » Tel est l'avis de presque tous les auteurs. Mais Vangerow, partant de cette idée qu'une preuve négative est impossible à faire, veut dispenser le quasi-possesseur de la preuve ; autrement, celui-ci serait obligé d'établir qu'il a possédé sans violence, sans clandestinité, sans précarité, c'est-à-dire que sa possession n'a été entachée d'aucun fait de violence etc., preuve évidemment très-difficile à faire. Est-ce une raison pour en décharger le quasi-possesseur ?

Il n'est pas d'ailleurs impossible de concilier l'avis de Vangerow et l'opinion qui admet l'application de la maxime, *onus probandi*... supposons qu'une action négatoire est intentée. Le propriétaire du fonds prétendu servant, attaque le quasi-possesseur et lui dit : Mon fonds est libre car je le possède comme tel, prouvez le contraire si vous pouvez, cette preuve le quasi-possesseur la fera en établissant les faits de la quasi-possession exercée pendant le temps et sous les conditions requises, mais ces faits il ne pourra les établir que tels qu'ils se seront passés, s'ils ont été violents, il ne pourra exciper d'une possession paisible, s'ils ont été clandestins, il ne pourra invoquer une possession publique. Si donc sa possession a été vicieuse, la preuve en ressortira du débat.

Cette preuve négative, si délicate, se ramènera donc à la preuve positive des faits de quasi-possession, et on peut dire, que, dans la forme, il n'y aura pas eu de preuve négative, de la part du quasi-possesseur. Mais si le propriétaire du fonds assujetti conteste les qualités que le possesseur attribue à sa possession, il devra de son côté en prouver les vices. Ici encore la preuve négative se convertira en preuve positive, car il dira par exemple, au défendeur :

Vous avez omis telle circonstance de fait qui change la nature de votre entrée en possession et la rend violente de paisible que vous la prétendiez, et il établira ce fait. Donc cette preuve, négative dans son résultat puisqu'elle dénie l'effet utile de la possesion, sera positive dans la forme, et Vangerow, étant donné cette espèce, a raison de dire que la preuve négative incombe au propriétaire du fonds dominant.

On peut posséder la servitude par soi-même ou par autrui. L. 12, § 2. D. 7, 41.

On peut aussi pour parfaire sa possession joindre à la sienne celle de son auteur pourvu qu'elle ne soit ni violente, ni clandestine, ni précaire. LL. 2, § 7, 3, § 2. D. 43, 19.

La quasi-possession d'une servitude peut être interrompue, mais dans deux situations différentes, soit que la servitude ait été déjà établie par l'usage, soit qu'elle ne le soit pas encore. C'est pour n'avoir pas distingué ces deux situations qu'un auteur allemand a commis l'erreur suivante. Cet auteur, pour décider qu'il est impossible de définir l'interruption de la quasi-possession, s'appuie sur trois lois qui visent une situation où la servitude est déjà acquise par la prescription, l. 6 et l. 20, D. 8, 2, pour les servitudes urbaines. De ces lois il résulte que la quasi-possession des servitudes ne s'interrompt que par la disparition de l'état de superficie dans lequel elles consistent, et quant aux servitudes rurales. La l. 4, § 27. D. 41, 3, qui dispose qu'un simple empêchement, une défense de passer par un chemin n'interrompt pas le droit de passer parce qu'effectivement cette défense ne créant pas l'impossibilité de passer ne constitue pas encore une dépossession proprement dite. Ces solutions s'expliquent d'elles-mêmes si on se place dans l'hypothèse d'une prescription extinctive. En effet dans le cas de servitudes urbaines on comprend très-bien qu'elles se conservent d'elles-mêmes tant que l'état de superficie subsiste partiellement, et que la prescription extinctive ne commence à courir que par la disparition complète de l'état de superficie, car c'est la condition essentielle de l'*usucapio libertatis*, et pour le cas de servitudes rurales on comprend que le propriétaire du fonds dominant ne peut être dépouillé de sa servitude par une simple injonction du propriétaire assujetti ; mais, au point de vue de la prescription acquisitive il en est autrement, le quasi-possesseur n'est par encore investi d'un droit, il n'a qu'une situation de fait et la moindre atteinte portée à cette situation peut en modifier les conditions, de manière à rendre sa quasi-possession inefficace. Ainsi l'état de superficie disparaît partiellement, la poutre qu'il faisait reposer sur le mur du voisin est enlevée, il ne possède plus la servitude *tigni immittendi*, il ne peut plus la prescrire, car on ne peut acquérir par prescription que ce que l'on possède. De même, pour les servitudes rurales, la prohibition du maître interrompra la possession du chemin, car d'après la l. 20,

§ 5, D, 43, 24, la prohibition, quelle qu'elle soit, ne consistât-elle qu'en paroles, vicie la possession, en la rendant violente. Donc elle cesse d'être utile, et ne redeviendra telle que lorsqu'elle cessera d'être violente, c'est-à-dire aussitôt cette prohibition faite, si elle n'est pas renouvelée, mais il faudra un nouveau délai, le temps antérieur ne comptera plus.

Nous avons vu plus haut que la durée de la prescription acquisitive des servitudes est incertaine. La plupart des auteurs admettent que le temps exigé était de dix ou vingt ans. On peut admettre avec la même vraisemblance, que ce temps était de trente ou quarante ans, quand il s'agissait de biens dont la propriété ne pouvait s'acquérir que par ces délais, comme le fonds dotal, les biens du fisc ou des communautés, car il n'y avait aucune raison de moins protéger la femme, le fisc ou les communautés contre la prescription des servitudes.

Mais la prescription de trente ans n'était pas applicable aux servitudes, en ce sens qu'elle dispensât du *justus titulus*, puisque nous avons vu que même dans la prescription de dix ou vingt ans le *justus titulus* n'était pas nécessaire, or la raison d'être de cette prescription trentenaire, c'était l'absence de *justus titulus*. Qu'il y ait ou non juste titre la prescription de dix ou vingt ans suffira donc. Ce qui confirme ceci c'est que nulle part Justinien n'a parlé de la prescription de trente ans pour les servitudes. Mais on peut se demander si cette prescription serait applicable aux servitudes en tant que dispensant de prouver les qualités de la possession. On décide l'affirmative en Allemagne, il faut décider la négative car, s'il est vrai de dire que les caractères légaux de la possession remplacent le titre dans la prescription des servitudes, et qu'une plus longue durée puisse remplacer ces caractères légaux considérés comme titre, de même que la prescription trentenaire appliquée à la propriété dispense du *justus titulus*, il faut reconnaître que les textes font défaut, et que d'ailleurs, le législateur à Rome n'accorde aucune faveur à la possession violente, clandestine ou précaire.

Les servitudes pouvaient s'acquérir par prescription immémoriale. Etait-ce une règle générale ?

Nous n'avons de décisions que sur trois servitudes :

1° Quant aux ouvrages relatifs à l'écoulement des eaux d'un héritage supérieur sur un héritage inférieur. L. 28. D. 22, 3. — L. 2. pr. § 1 et l. 8. D. 39, 3 ;

2° Quant aux aqueducs destinés à procurer de l'eau à un immeuble. L. 26. D. 39, 3 et surtout l. 3, § 4. D. 43, 20 ;

3° Pour l'établissement d'une *via vicinalis* comme chemin public. Cependant il est naturel de croire que la même présomption devait dans les autres servitudes fonder le même droit. L'ordre public est toujours intéressé à ce qu'une servitude exercée pendant plusieurs générations soit mise à l'abri de toute contestation. Comment les Romains qui admettaient si largement la prescription des servitudes n'auraient-ils pas toujours admis la prescription immémoriale!

CHAPITRE II

EXTINCTION DES SERVITUDES PAR LE NON USAGE ET L'USUCAPIO LIBERTATIS

L'asservissement de la propriété est un état fâcheux et peu conforme à l'idée même de la propriété qui est le droit de disposer de la manière la plus absolue. Les servitudes constituent la restriction la plus grave au droit du propriétaire ; elles diminuent la valeur du fonds et sont de plus la source de procès nombreux.

On comprend dès lors qu'à toutes les époques le législateur en ait favorisé l'extinction, et que la loi Scribonia ait seulement prohibé l'établissement des servitudes par l'usage sans s'occuper de leur extinction par le non usage..... « eam usucapionem sustulit lex Scribonia, quæ servitutem constituebat. »

L'extinction par non usage est fondée comme toute prescription extinctive, sur une présomption de remise ou d'abandon de la part du propriétaire dominant ; c'est aussi une peine infligée à sa négligence. Soit qu'il provienne d'un abandon tacite, soit qu'il provienne d'une négligence, le non usage prolongé démontre que l'asservissement d'un fonds à un autre a cessé d'être utile ; la libération de l'héritage servant doit en résulter, car une servitude sans utilité ne se comprend plus. « Qui enim in tam longo prolixoque spatio suum jus minime consecutus est, sera pænitentia ad pristinam servitutem reverti desiderat ». L. 14, pr. C. 3, 34.

Le principe en cette matière peut se formuler de la façon suivante : Toutes les servitudes prédiales s'éteignent par le non usage, mais de plus, dans les servitudes de fonds urbains, un acte contraire à la servitude est indispensable ponr faire courir les délais du non usage. « Hæc autem jura similiter » ut rusticorum quoque prædiorum certo tempore » non utendo pereunt nisi quod hæc dissimilitudo » est quod non omnimodo pereunt non utendo, » sed ita, si vicinus simul libertatem usucapiat. » Il faut donc ajouter ceci à notre formule qu'une *usucapio libertatis* réalisée par un acte contraire est le complément nécessaire du non usage pour arriver à l'extinction d'une servitude urbaine. Gaius qui vient de nous donner le principe indique quelques exemples d'actes contraires, ce sera tantôt l'élévation du bâtiment au delà de la limite fixée, tantôt un obstacle apporté au droit de vue, le détournement d'une gouttière etc. « veluti si ædes » tuæ ædibus meis serviant ne altius tollantur, ne » luminibus mearum ædium officiatur, et ego per » statutum tempus fenestras meas præfixas ha» buero, vel obstruxero, ita demum jus meum » amitto si tu per hoc tempus ædes tuas altius

» sublatas habueris alioquin, si nihil novi feceris,
» retineo servitutem. Item si tigni immissi ædes
» tuæ servitutem debent et ego exemero tignum,
» ita demum amitto jus meum, si tu foramen unde
» exemptum est tignum obturaveris et per consti-
» tum tempus ita habueris. Alioquin si nihil novi
» feceris integrum jus meum permanet. » (l. 6, D, 8, 2.)

Cet acte contraire fixe le point de départ de l'*usucapio libertatis*; tant que le mur conserve la cavité destinée à recevoir la poutre du voisin, tant que le mur grevé de la servitude *altius non tollendi* garde sa hauteur, le propriétaire dominant ne court aucun danger.

Pourquoi cette différence entre les servitudes urbaines et les servitudes rurales? C'est que les servitudes urbaines, presque toutes continues, s'exercent d'elles-mêmes, sans le fait de l'homme. Aussi longtemps qu'il subiste un état de lieux tel que la servitude s'exerce il n'y a ni non usage, puisque le fait du propriétaire dominant est utile, ni *usucapio libertatis* puisque la marque de la servitude reste imprimée sur le fonds servant. Mais dès que le propriétaire du fonds assujetti a fait boucher la cavité, élever le mur etc. la liberté du fonds est reconquise, liberté de fait, qui, après les délais légaux, se convertira en liberté de droit.

Les servitudes urbaines ont été très-justement appelées servitudes *habendi* ou *prohibendi*. Ces expressions les caractérisent parfaitement et se trouvent d'ailleurs dans la loi 20, D. 8, 2. Dans cette loi Paul analyse cet exercice de la servitude par elle-même qui rend impossible l'*usucapio libertatis* tant que l'état de superficie n'est pas supprimé : « servi- » tutes quæ in superficie consistunt possessione » retinentur. Nam si forte ex ædibus meis in ædes » tuas tignum immissum habuero, hoc, ut immis- » sum habeam, per causam tigni possideo habendi » consuetudinem. Idem evenit si stillicidium in » tuum projecero, quia in tuo aliquo utor et sic qua- » si-facto quodam possideo. » Dans les exemples » fournis par le jurisconsulte, il faut remarquer que la servitude est, comme nous dirions aujourd'hui, continue et apparente, mais toutes les servitudes urbaines n'ont point cette double qualité. Il en est qui sont continues, les servitudes négatives, et qui, à ce titre, s'exercent par elles-mêmes, ce qui rend un acte contraire nécessaire pour mettre le fonds en état d'usucaper sa liberté, mais comment réaliser cet acte contraire quand il s'agit d'une servitude négative qui est non apparente, qui n'est affirmée par aucune modification dans la superficie du fonds? Dès lors comment concevoir un acte contraire qui suppose une certaine disposition préexistante des lieux? La servitude *non altius tollendi* ou « ne luminibus, ne prospectui officia- » tur » et généralement les servitudes *prohibendi* ne peuvent être prouvées que par un titre ou par une contradiction victorieuse opposée au propriétaire asservi qui a voulu enfreindre la loi de non *facere.* A l'inverse décidons que l'*usucapio libertatis* peut commencer à courir du jour où le propriétaire dominant succombe dans une contradiction opposée au propriétaire du fonds servant. Ce dernier avait commencé des travaux contraires à la servitude prétendue; le propriétaire dominant allègue au profit de son fonds une servitude *altius non tollendi.* Il peut agir de deux façons, au possessoire ou au pétitoire. Au possessoire, en prétendant que jusqu'à présent il était en possession du droit d'empêcher: au pétitoire, en démontrant qu'il a le droit d'empêcher et dans les deux cas, s'il succombe le fonds servant acquiert par cela même la possession de sa liberté.

Mais il a une autre voie qui est la « denuntiatio » novi operis, » procédure dans laquelle il signifie au constructeur d'avoir à cesser ses travaux, et s'il ne les cesse, par un interdit, le propriétaire dominant obtient le droit de les faires raser, mais pour cela il doit renoncer à l'avantage de la possession. Le propriétaire assujetti, constitué défendeur, se trouve donc dans une position très-favorable. Il attend son adversaire, qui ne trouvera peut-être que très-difficilement les moyens de prouver son droit. S'il n'établit pas ce droit le fonds prétendu servant est, *ispo facto*, réputé libre et s'achemine vers l'extinction de la servitude qui, nous le supposons, existe mais ne peut être prouvée. Si même le défendeur en fournissant une *satisdatio* s'est mis en mesure de continuer les constructions, cette protestation, que nous considérions comme l'équivalent d'un acte contraire, prendra une forme matérielle.

En dehors de tout procès l'acte contraire pourra aussi résulter, *a fortiori*, de travaux qui font obstacle à l'exercice de la servitude, bien qu'en matière de servitudes négatives, ces travaux ne constituent pas rigoureusement un acte contraire, mais plutôt un acte incompatible avec la servitude.

Les servitudes rurales, à la différence des servitudes urbaines, existent indépendamment de tout état de superficie. Peu importe qu'il y ait des constructions, c'est pourquoi elles ont été *ditesfaciendi*. » Comme pour nos servitudes discontinues, le fait actuel de l'homme est nécessaire à leur exercice. Citons les servitudes «eundi, agendi, aquam ducendi, » hauriendi, pecoris ad aquam appellendi, arenæ » fodiendæ, calcis coquendæ » etc.... Nous verrons qu'elles ne peuvent être toutes assimilées à nos servitudes discontinues, mais nous pouvons dire qu'en général le propriétaire dominant, investi d'une servitude rurale, doit, pour exercer cette servitude, poser certains faits de même que dans notre droit les servitudes discontinues sont celles, qui ont besoin du fait actuel de l'homme pour être exercées. Elles ne s'exercent pas d'elles-mêmes par cette raison qu'elles ne consistent pas dans un état de superficie permanent, invariable. Sitôt donc que le fait de l'homme cesse, la quasi-possession de la servitude cesse également, le fonds servant reprend sa liberté et l'*usucapio libertatis* commence immédiatement. Ce n'est pas ici l'asservissement qui est continu comme dans les servitudes urbaines, c'est la possession de la liberté. L'exercice de la servitude, le *facere*, est donc une *usurpatio libertatis*. L'expression se trouve dans les Sentences de Paul liv. I. t. 17 § 2. « Servitus hauriendæ vel ducendæ » aquæ biennio omissa intercidit, et biennio usur» pata recipitur. « *Usurpare* » indique très-énergiquement la situation de liberté dans laquelle le fonds servant se trouve au regard du fonds dominant. Le propriétaire dominant porte une atteinte à cette liberté, *usurpat*, quand il exerce son droit. Mais s'il s'abstient, après deux ans, le fonds servant est redevenu libre. Il a suffi du non usage semble-t-il ! Cependant, on l'a fait observer avec raison, l'extinction par le non usage de deux ans des servitudes rurales est aussi une véritable *usucapio libertatis*. Mais comme ici le rôle capital pour le maintien ou l'extinction de la servitude n'appartient pas au fonds servant, c'est sur le propriétaire dominant que l'attention se porte, c'est de son action ou de son inaction que dépend l'existence de la servitude. Il n'agit pas, le *non usus*, au bout de deux ans opère son effet extinctif. Mais pourquoi ? Parce que la loi présume son abandon du droit, on punit sa négligence, et aussi, on peut le dire, parce que pendant ces deux ans, le fonds servant, qui a possédé sans interruption sa liberté, a usucapé la servitude. Ici également il y a une *usucapio liberta-*

tis. On peut en voir la preuve dans la durée du délai qui est la même que celle de *l'usucapio*: dans la situation même qui est double et qui, si elle se traduit par la perte du droit au préjudice du propriétaire dominant se traduit corrélativement, par la réacquisition de ce même droit au profit du fonds servant.

Peut-être ce point de vue est-il aussi confirmé par la règle qui admet que l'exercice de la servitude par tout autre que le propriétaire dominant empêche l'extinction. On peut s'expliquer cette règle en considérant l'*usucapio libertatis*, comme exigée ici à côté du *non usus*. Si le *non usus* seul éteignait la servitude, il suffirait que le propriétaire dominant restât dans l'inaction pendant deux ans, lors même qu'un tiers exercerait la servitude. C'est uniquement, ce nous semble, dans la personne de l'ayant-droit que devrait s'apprécier le *non usus*, et non dans la personne d'un étranger, du premier venu. Autrement, il serait illusoire de dire que la servitude s'éteint par le *non usus*, puisqu'une abstention absolue serait requise. On ne peut raisonnablement faire dépendre la libération du fonds servant de l'inaction de tout le monde. Si nous considérons, au contraire, l'extinction de la servitude comme une conséquence de l'*usucapio libertatis*, nous nous expliquons que le fait du premier venu empêche cette extinction, car la situation du fonds servant est dès lors plus rigoureuse; il lui faut jusqu'à l'expiration des deux ans un état positif et permanent de liberté. Si cette situation est modifiée, peu importe de qui vienne l'atteinte, il n'est plus vrai de dire que le fonds a toujours été en possession de sa liberté.

Il n'est pas douteux que le *non usus* du propriétaire dominant, pendant le temps requis, laisse son droit intact, si tout autre que lui l'a exercé, « biennio usurpata recipitur » associe, mandataire, locataire, usufruitier, gérant d'affaires, possesseur de bonne foi, ou même de mauvaise foi, il n'importe, la possession fût-elle même violente ou précaire : « Fundus enim qualiter se habens, ita » cum in suo habitu possessus est, jus non deperit, » neque refert juste necne possideat, qui talem eum » possidet. (L. 12. D. 8, 6.) » Mais si la qualité du possesseur est indifférente, il faut du moins que la servitude ait été exercée comme un droit. Ceci ressort de la loi 12 qui suppose qu'une personne ayant acheté de bonne foi un fonds *a non domino*, fonds muni d'une servitude de passage, exerce cette servitude après avoir expulsé le véritable *dominus*. Il n'en conserve pas moins le droit « jus » non deperit » qu'il a exercé à titre de droit « qua- » liter se habens. » La loi 25, D. 8, 6, est plus formelle : « Servitute usus esse non videtur nisi is » qui suo jure uti se credidit; ideoque si quis pro » via publica, vel pro alterius servitute usus sit, » nec interdictum nec actio utiliter competit » nous retrouvons là la théorie de la possession et des deux éléments qui la composent, le fait matériel n'est rien et la loi n'y attache aucune protection s'il n'est complété par l'élément intentionnel.

D'ailleurs un exercice même partiel exclut la prescription extinctive « is qui per partem itineris » it totum jus usurpare videtur. (L. 8, § 1, D. 8 6.) » Même décision dans la loi suivante : «aqua si in » partem aquagii influxit, etiamsi non ad ultima » loca pervenit omnibus tamen partibus usurpan» tur. (L. 9, D. 8, 6.) » conséquence de l'indivisibilité des servitudes.

Autre conséquence de la même règle. Si la prescription ne court pas contre l'un des ayant-droit, la servitude sera conservée bien que personne ne l'ait exercée, car elle subsiste pour le tout à l'égard de l'un des titulaires, et si elle subsiste intégralement les autres en profitent : « Si communem fun» dum ego et pupillus haberemus, licet, uterque » non uteretur, tamen propter pupillum et ego » viam retineo. »

Les causes du non usage peuvent être diverses. Si le *non usus* provient de la négligence du propriétaire; il aurait mauvaise grâce à se plaindre de l'extinction de la servitude. Mais il peut se faire qu'il ait ignoré son droit. Par exemple, il s'agit d'un legs de servitude dont le légataire n'a pas connaissance après l'adition de l'hérédité. Il ne la revendique pas et laisse écouler les deux années (L. 19, § 1, D. 8, 6). Ou bien l'acheteur d'un fonds n'exerce pas la servitude qui y est attachée, ne sachant pas qu'elle existe ; elle n'en sera pas moins éteinte après le temps voulu. Mais le vendeur, dans ce dernier cas, sera responsable, si, sciemment, il n'a pas averti l'acquéreur de l'existence du droit (L. 66, D. 18, 1). En somme, il suffit que le titulaire de la servitude ait pu l'exercer et qu'il ne l'ait point fait.

Quid s'il y a impossibilité d'user par suite d'un événement de force majeure ou par la violence d'un tiers? (L. 34, et L. 35, D. 8, 4; L. 4, § 27, D. 41, 3.) Il peut y avoir lieu dans ce cas au rétablissement de la servitude par voie de *restitutio in integrum* (L. 14, pr. D. 8, 6). Mais cette *restitutio* ne serait pas accordée contre la prescription de trente ans. Ceci résulte *a contrario* de la L. 14, D. 8, 6, qui suppose le cas où une servitude d'où je dérivais de l'eau est tarie, et rejaillit après le temps requis pour la prescription, et le cas où les eaux d'un fleuve après avoir couvert un champ pendant le même temps se sont retirées. On comprend qu'ici, après les délais ordinaires, le préteur restitue par une raison d'équité et d'utilité, mais après trente ans cette faveur serait vraiment excessive; elle doit être enfermée dans de justes limites.

A côté du *non usus* nous pouvons placer un exercice tellement distinct de l'exercice permis par le titre qu'il suppose une servitude nouvelle, et par conséquent le *non usus* à l'égard de l'ancienne servitude. La l. 10 § 1. D. 8, 6. examine le cas où une conduite d'eau qu'on avait le droit d'exercer pendant la nuit a été exercée pendant le jour. Après deux ans il est juste de décider que cette servitude est éteinte. Mais si la nouvelle servitude a été exercée pendant le jour avec les conditions requises, une servitude nouvelle sera acquise qui remplacera la servitude éteinte.

Autre exemple donné par la l. 18. D. 8. 6. Je prends de l'eau à une source autre que celle désignée par le titre, même solution, acquisition d'une servitude nouvelle, si les conditions voulues sont remplies, mais extinction de la première. En droit français comme il s'agit dans cette seconde espèce d'une servitude discontinue, la servitude de puisage, il faudrait décider que la première est éteinte et la deuxième non acquise.

Julien résout une espèce curieuse : « Inter duos » qui eodem rivo aquam certis horis separatim » ducebant, convenit ut, permutatis inter se tem» poribus, aqua uterentur : quœro, cum ampliùs » tempore servitutibus prœfinito ita duxissent, ut » neuter eorum suo tempore usus esset, num jus » utendi amisissent ? negavit amisisse. »

Il semble bien que le jurisconsulte dût ici admettre l'extinction par non usage, si l'interversion des heures a eu cet effet de mettre chacun des propriétaires dominants en position d'exercer une servitude autre que celle à laquelle son titre lui donnait droit.

Et comme cette convention est restée étrangère au propriétaire du fonds assujetti, il n'y a rien de fait à son égard. Le principe semble nous conduire à décider que chacun exerçant une servitude à laquelle il n'avait pas droit perd la servitude à laquelle il avait droit et qu'il n'a pas exercée, sauf à décider qu'il en a acquis une nouvelle. Le jurisconsulte décide que la servitude primitive est maintenue pour chacun d'eux. Peut-être faut-il dire avec Pothier : « alter enim pro altero utendo sibi invi- » cem jus suum servaverunt. » Pand. liv. 8. t. 6. § 4. n° 13. note 2. bien que cette explication ait été critiquée. Ceux qui ont droit à la servitude, ne sont pas dans l'espèce *socii*. Ils n'ont pas mission de se représenter, car de l'arrangement qu'ils ont pris il n'y a qu'une conséquence à tirer. Ils ont voulu exercer la servitude à des heures plus favorables pour chacun, et chacun pour son compte. Julien a sans doute considéré que le mode seul de la servitude était changé et que la servitude ne devenant ni plus ni moins onéreuse, le fonds servant ne pouvait se plaindre.

Nous venons de parler du mode de la servitude sans le définir. Papinien nous montre ce qu'il faut entendre par là : « modum adjici servitutibus » constat, veluti qui genere vehiculi agatur, vel non » agatur veluti ut equo duntaxat, vel ut certum » pondus vehatur, vel grex ille transducatur, aut » carbo portetur. Intervalla dierum et horarum non » ad temporis causam, sed ad modum pertinent jure » constitutæ servitutis. » L. 4. § 1 et 4 D 8. 1. les modes d'une servitude sont dont les différentes manières dont elle peut être exercée. Les Romains n'admettaient pas que les modifications apportées dans l'exercice de la servitude eussent quelque influence sur sa nature ou son existence. Selon eux l'usage qui en était fait d'une façon quelconque la conservait dans son intégrité. « Is qui per partem itineris » it totum jus usurpare videtur. » l. 8 § 1 D. 8, 6. Nous avons vu le cas où le titulaire de la servitude en a exercé une toute différente, et nous avons constaté qu'il y avait alors véritable *non usus* de la première. Voyons maintenant deux cas qui se rattachent à celui-là et qui nous permettront de vérifier le principe de cette loi 8.

I. Supposons que le propriétaire dominant est resté en deçà du titre. Le *tempus constitutum* s'écoule, la servitude est conservée, parce qu'un exercice même incomplet suffit pour empêcher la possession de liberté et parce qu'on ne peut fonder raisonnablement une présomption de renonciation sur cet exercice restreint. Le titulaire de la servitude l'a exercée dans une mesure moins onéreuse, parce que cela suffisait à l'utilité de son fonds. Le Digeste fournit un grand nombre de solutions en ce sens : « qui latiore, dit Paul, via vel angustiore usus est retinet servitutem, sicuti qui aqua ex qua jus habet utendi alia mixta usus est retinet jus suum, » l. 9, § 1, D. 8, 5. Plus loin, Paul nous dit, en rapportant l'avis de plusieurs jurisconsultes ; « qui iter et actum habet si statuto tempore tantum ierit non periisse actum sed manere Sabinus, Cassius, Octavenus aiunt nam ire quoque per se eum posse qui actum haberet, l. 2, D. 8, 6.

L'exercice de la servitude, comme la servitude elle-même est indivisible.

Celsus applique le principe à une servitude de passage qui s'exerce sur plusieurs héritages. Il suppose que le fonds servant est partagé « in regiones certas secundum latitudinem viæ, » c'est-à-dire que le chemin est établi sur un terrain commun aux deux héritages et les sépare. On s'explique que l'usage de ce chemin, même sur une faible longueur, interrompe la prescription pour le tout, car cet usage a porté atteinte à la possession de liberté des deux héritages en s'exerçant sur une partie commune. Mais nous pouvons supposer avec la même loi que les deux fonds, au lieu d'être séparés par le chemin, sont situés d'un seul côté du chemin auquel la ligne séparative des fonds aboutit perpendiculairement. C'est ce que Celsus appelle un partage « *secundum longitudinem viæ.* » Ici l'exercice incomplet de la servitude ne la conservera pas tout entière, et le fonds sur lequel le propriétaire dominant ne sera pas passé, recouvrera cette liberté parce que cette liberté est demeurée intacte. Il y a en effet, dans cette disposition des lieux, autant de servitudes distinctes que de fonds. L'exercice de l'une n'implique nullement l'exercice de l'autre.

Un texte d'Ulpien parait contraire à cette décision, c'est la loi 18 D. 8, 3. « Una est via etsi per plures fundos imponatur : cum una servitus sit.

Denique quæritur an si per unum fundum iero, per alium non, per tantum tempus quanto servitus amittitur, an retineam servitutem ? Et magis est ut aut tota amittatur, aut tota retineatur. Ideoque si nullo usus sum tota amittitur ; si vel uno, tota servatur. » C'est bien la même espèce que celle de Celsus, un chemin qui traverse plusieurs fonds, et cependant Ulpien décide qu'elle se conservera ou se perdra pour le tout, au lieu de la considérer comme multiple, ainsi que l'a fait Celsus. Mais il faut remarquer que dans cette dernière espèce il s'agit de plusieurs fonds appartenant au même propriétaire. Au regard du fonds dominant ces héritages n'en font qu'un et l'exercice de la servitude sur un seul d'entre eux, interrompt la possession de liberté par tous les autres.

II. Le propriétaire dominant a excédé la servitude à laquelle il avait droit, il l'a exercée d'une manière plus large que ne le permettait le titre constitutif, la servitude est retenue sans doute, car le moins est contenu dans le plus : « Is cui via vel actus debebatur, ut vehiculi certo genere uteretur, alio genere fuerat usus : Videamus ne amiserit servitutem, et alia sit ejus conditio qui amplius oneris, quam licuit, vexerit : magisque hic plus quam aliud egisse videtur, sicut latiore itinere usus esset, aut si plura jumenta egerit quam licuit, aut aquæ admiscuerit aliam. Ideoque in omnibus his quæstionibus servitus quidem non amittitur. Non autem conceditur plus quam pactum est in servitute habere. » L. 11, pr. D. 8, 6. Ainsi le jurisconsulte suppose qu'on a élargi un chemin en usurpant sur les terres du voisin, ou, qu'au lieu de dériver telle eau seulement, on a dirigé dans la même conduite les eaux d'une autre source. Dans ces deux cas le droit est conservé mais non accru.

Enfin on peut se demander si le *non usus* éteint partiellement la servitude qu'on a le droit d'exercer de deux manières différentes, et qu'on n'exerce que d'une seule manière.

Il s'agit par exemple d'une servitude de passage comprenant l'*iter* et l'*actus*. L'*iter* est exercé seul : « qui iter et actum habet, si statuto tempore tantum ierit, non perisse actum sed manere Sabinus, Cassius, Octavenus aiunt » : L. 2, D. 8, 6.

Comme il s'agit d'une servitude unique qui comporte deux modes d'exercice, la conservation des deux modes par l'exercice d'un seul se comprend, à raison du caractère de revendication que cet exercice, tout incomplet qu'il est, présente vis-à-vis du fonds servant. Mais il faut supposer chez le propriétaire dominant la connaissance de son droit d'*actus*. Remarquons qu'il ne peut être question ici d'exercer l'*actus* sans l'*iter*, car l'*iter* est compris dans l'*actus*, de même que l'*usus* est nécessaire au *fructus* en fait d'usufruit. L. 20. D. 7. 4.

La même difficulté se présente à propos de la servitude de puisage accompagnée d'une servitude de passage comme accessoire. Cette dernière seulement a été exercée : « Labeo ait si is qui tantum habet per tempus quo servitus amittitur, ierit ad fontem nec aquam hauserit, iter quoque eam amisisse. L. 17. D. 8, 6. La servitude principale est perdue par *non usus* et la servitude accessoire s'éteint par voie de conséquence. S'il en est autrement dans l'espèce précédente c'est que l'*iter* exercé sans l'*actus* forme un droit utile pour le fonds dominant ; rien de plus fréquent qu'une servitude de passage bornée à l'*iter*, mais il s'agit ici d'une servitude de puisage, et c'est pour la seule utilité de celle-ci qu'a été donné l'*iter*. Le sort de l'*iter* est donc lié au sort de la servitude principale.

Après avoir posé le principe du *non usus* et de l'*usucapio libertatis* et examiné différentes sortes de *non usus*, il nous reste à compléter cette double théorie par quelques détails.

Usucapio libertatis. Il ne faudrait pas conclure de ces expressions, exactes à certains égards, que l'*usucapio libertatis* fût une *usucapio* véritable ; les conditions de juste titre et de bonne foi exigées dans l'*usucapio* de la propriété ne l'étaient pas ici. L'acte contraire dont nous avons dit quelques mots, et qui réalisait cette *usucapio libertatis* dans les servitudes de fonds urbains, était exigé parce que, dans ces servitudes, l'asservissement du fonds était permanent et subsistait aussi longtemps que l'état des lieux. Considérons par exemple une servitude *habendi*, elle consiste dans l'existence d'une œuvre avancée sur le fonds servant ; tant qu'existera cette œuvre, le fonds demeurera asservi, L. 20, l. 21.

D. 8, 2, sitôt qu'elle disparaîtra le fonds reprendra sa liberté. Pour que cette œuvre disparaisse, il faut un *aliquid novi* qui constitue précisément l'acte contraire et empêche le propriétaire dominant de jouir de sa servitude. Ainsi j'avais la servitude *ne luminibus officiatur*. Je bouche les fenêtres ou je les tiens fermées. Cela ne suffira pas pour que je perde mon droit, il faudra encore que le propriétaire servant construise de façon à m'empêcher d'avoir le jour : « ita demum jus meum amitto, si tu per hoc tempus ædes tuas altius sublatas habueris, alioquin si nihil novi feceris servitutem retineo. » De même j'ai la servitude *tigni immittendi*, j'enlève la poutre qui reposait dans le mur du voisin. Si celui-ci bouche la cavité où elle s'engageait, le fonds servant se trouve en possession de sa liberté. Ou bien une maison qui jouissait d'une servitude *stillicidii* est démolie, la servitude s'éteindra si le voisin a fait des constructions sur la place qu'il devait laisser libre pour recevoir les eaux de gouttière. L. 20, § 2 et 3. D. 8, 6 : « ut eadem specie et qualitate reponatur (*ædificium*) utilitas exigit ut idem intelligatur. »

Différentes conséquences découlent de ces textes. D'ailleurs, étant donné l'*usucapio libertatis*, on pouvait déduire du principe la nécessité de certains caractères que doit présenter l'acte contraire.

1° Il faut que l'*aliquid novi* émane du propriétaire asservi : « quia non potest videri usucepisse vicinus » tuus libertatem ædium suarum qui jus tuum non

» interpellavit, » l. 18. D 2. 8. 6. La loi 6, D. 8. 2 est bien formelle dans ce sens : elle nous dit en effet «..... ita demun jus meum amitto, si tu per » hoc tempus ædes tuas altius sublatas habueris : » alioqiun, *si nihil novi feceris*, retineo servitutem. » Item si tigni immissi ædestuæ servitutem » debent, et ego exemero tignum, ita demum amitto » jus meum, *si tu foramen unde exemptum est » tignum obturaveris*, et per constitutum tempus » ita habueris : alioquin, *si nihil novi* feceris, inte- » grum jus suum permanet. » On s'explique facilement que si l'acte contraire est fait par le propriétaire du fonds dominant ou par un tiers, les délais extinctifs ne courent pas, car il ne faut pas oublier qu'il s'agit ici d'une *usucapio libertatis*, et que l'acte contraire indispensable pour réaliser la possession de liberté ne peut présenter un caractère de contradiction et d'opposition à la servitude que s'il émane du propriétaire asservi. Il ne faut pas dire que c'est le fonds seul qui acquiert sa liberté et que, dès lors, peu importe par qui soit fait l'acte contraire; le fonds acquiert sa liberté, mais pour le compte du propriétaire dominant. S'il n'y avait pas de propriétaire dominant il n'y aurait pas de propriété plus ou moins démembrée. Le fonds possède sa liberté si l'on veut, mais pour le compte de ce dernier qui, seule a qualité pour représenter son fonds et le mettre en possession de sa liberté.

2° L'acte contraire doit fonder une situation continue : « quare si is qui altius ædificatum habe-

» bat, ante statutum tempus ædes possidere desiit, » interpellata usucapio est : is autem qui postea » easdem ædes possidere cœperit, integro statuto » tempore libertatem usucapiat. » L'*usucapio libertatis* ne peut s'accomplir si la liberté du fonds n'est continue. C'est pourquoi la l. 18, § 2, D. 8, 6, nous montre que la servitude *tigni immittendi* ne s'éteignait pas quand l'édifice était tombé en ruines, car quel que soit le délai qui s'écoule, tant qu'il n'est pas reconstruit, le voisin ne peut posséder une maison qui n'existe pas. Il ne peut donc la posséder comme libre. Décision bien subtile! Nous trouvons une autre décision d'une rigueur plus subtile encore : « Quod autem ædificio meo me posse consequi ut libertatem usucaperem dicitur, idem me » non consecutum, si arborem eodem loco sitam » habuissem, Mucius ait : et recte, quia non ita in » suo statu et loco maneret arbor, quemadmodum » paries, propter motum naturalem arboris, » l. 7, D. 8, 2. Il suit de là que la possession de liberté devait être affirmée par une disposition des lieux stable et invariable. Un arbre qui se développe n'était pas considéré comme un obstacle suffisamment continu. A l'inverse, ne pourrait-on pas avec non moins de subtilité regarder l'arbre comme le type de l'obstacle, car c'est un obstacle qui grandit à chaque instant et par cela même affirme la liberté des fonds avec d'autant plus de force qu'il est planté depuis plus de temps.

3° L'acte contraire ne doit pas être le résultat

d'une concession précaire : « Si ædes meæ serviant » ædibus Lucii Titii et ædibus publii Mævii ne altius ædificare mihi liceat, et a Titio precario petierim ut altius tollerem, atque ita per statutum tempus ædificatum habuero, libertatem adversus Publium Mævium usucapiam : Non enim una servitus Titio et Mævio delebatur, sed duæ. » On argumente de cette loi pour soutenir que la bonne foi n'est pas exigée en matière d'*usucapio libertatis*. On pourrait plutôt en déduire la nécessité de la bonne foi, ou, tout au moins, que la bonne foi dans l'espèce existait vis-à-vis de Mævius. Comment s'expliquer autrement que j'aie demandé à Titius de m'accorder, *precario*, la permission d'exhausser mes constructions, dans l'espoir de prescrire contre Mœvius, puisque je savais que cette permission était révocable, et qu'il suffisait à Titius de la révoquer pour m'enlever le bénéfice de ma prescription extinctive à l'égard de Mœvius.

Non usus. Une dernière condition, et celle-là est commune à l'*usucapio libertatis* et au *non usus*, c'est le délai. Avant Justinien, par application de la règle décemvirale « usus auctoritas fundi biennus esto, » cæterarum rerum annuus usus esto » ce délai était de deux ans pour toutes les servitudes réelles ou personnelles constituées sur immeubles « viam, » iter, actum aquæductum, qui biennio usus non » est, amisisse videtur. » Sent. de Paul liv. 1. tit. 17 § 1. Le délai de la prescription pouvait quelque fois dépasser deux années. S'agissait-il, par exemple, d'une servitude de prise d'eau imposée de telle façon que le propriétaire du fonds dominant ne pût en user que de deux années l'une, ou de deux mois l'un, ou l'été seulement, il fallait, pour arriver à l'extinction doubler le temps fixé et Paul nous en donne la raison : « quia non est continuum tempus » quo, cum uti non potest, non sit usus »; mais il ajoute que si la servitude ne devait s'exercer que de deux jours l'un, ou le jour seulement ou la nuit seulement, ou de deux heures l'une, ou une heure chaque jour, elle se perdrait par le non usage dans le temps ordinaire, « *quia una est servitus* » parce qu'il n'y a là en définitive qu'une seule et même servitude malgré ces conditions d'exercice périodique. L. 7. D. 8. 6 et l. 14 pr. D, 8. 6. Dans la première espèce il convenait d'attacher l'extinction de la servitude à une inaction plus longue, le *non usus* pendant les délais ordinaires n'ayant pas la même portée que si le droit avait pu être exercé tous les jours et à chaque instant. Cependant cette considération n'a pas touché le législateur français. L'art. 706 dispose que les servitudes s'éteignent par le non usage pendant trente ans, sans distinguer si la servitude peut ou non être exercée à des intervalles périodiques plus ou moins éloignés.

Nous trouvons au Code une constitution de Justinien, l. 14 C. 3, 34, qui tranche une controverse antérieure. Il s'agit d'une servitude qui consistait à souffrir le passage d'un voisin pour qu'il allât ou qu'il envoyât ses ouvriers une fois tous les cinq ans abattre des arbres dans sa forêt. Les uns fixaient un délai de dix ans, ils considéraient que ces dix ans n'en faisaient que deux et comptaient que le jour de chaque lustre où la servitude était exercée équivalait à une année seulement. D'autres émettaient des avis différents. L'empereur a décidé cette question, en exigeant le laps de temps qu'il introduit.

Il peut y avoir lieu à l'*accessio temporis*. Le propriétaire servant peut se prévaloir non-seulement du temps pendant lequel le possesseur actuel n'a pas usé de la servitude, mais aussi du temps pendant lequel la servitude ne fut pas exercée par son auteur. « Tempus quo non est usus præcedens fundi » dominus, cui servitus debebatur, imputatur ei » qui in ejus loco successit. » l. 18, § 1, D, 8, 6. Le possesseur qui commet cette négligence, puis qui aliène l'héritage avant l'expiration du délai, ne peut porter préjudice à son successeur et celui-ci conservera la servitude s'il l exerce. Pomponius donne cette décision et l'appuie d'une raison spéciale à l'hypothèse qui l'occupe. Il s'agissait du legs d'une servitude restée inconnue du légataire, qui par conséquent n'avait pas exercé son droit et qui avait vendu le fonds avant que l'extinction ne fût consommée. L'acheteur pourra exercer le droit et le conserver parce que, d'une part, au moment de l'aliénation du fonds, la servitude appartient bien au légataire, et que, d'autre part, le fonds ne lui appartenant plus maintenant, il ne peut plus répu-

dier le legs : « quod si intra idem tempus, ante-
» quam rescires tibi legatam servitutem, tuum fun-
» dum vendideris, ad emptorem pertinebit via, si
» reliquo tempore ea usus fuerit : quia scilicet tua
» esse cœperit, ut jam nec jus repudiandi legatum
» tibi posset contingere, cum ad te fundus non
» pertineat, » l. 19, § 1, D. 8. 6. Le commencement de ce texte pose en principe que l'ignorance du droit n'empêche pas qu'il soit perdu par le non usage : « si per fundum meum viam tibi legavero, id, adita
» mea hereditate, per constitutum tempus ad amit-
» tendam servitutem ignoraveris eam tibi legatam
» esse, amittes viam non utendo. » Enfin la même loi nous apprend que le non usage ne peut courir avant que la servitude soit établie : « Si partem
» fundi vendendo, lege caverim *uti per eam partem*
» *in reliquum fundum meum aquam ducerem*, et
» statutum tempus intercesserit; antequam rivum
» facerem, nihil juris amitto : quia nullum iter
» aquæ fuerit. Sed manet jus mihi integrum : quod
» si fecissem iter, neque usus essem, amittam, »
» l. 19, pr. D. 8. 6.

Une controverse s'est élevée sur l'*accessio temporis*. On a prétendu que si elle avait lieu en cas de *non usus*, la loi 18, D. 8, 6, ne laissant aucun doute à cet égard, elle n'avait pas lieu en cas d'*usucapio libertatis*, la l. 32, § 1. D. 8, 2, la repoussant. Cette loi décide en effet que si le propriétaire servant qui a élevé ses constructions, réalisant ainsi l'acte contraire à la servitude *altius non tollendi*, a cessé de posséder avant le temps requis par l'extinction, celui qui vient à posséder le fonds devra recommencer le temps d'usucapio libertatis « integro » statuto tempore libertatem usucapiet. » Mais il faut remarquer que la loi 32 ne se place nullement dans l'hypothèse d'une *accessio temporis*. Non-seulement elle ne dit rien qui puisse faire supposer que le deuxième possesseur tient ses droits du premier, mais ses expressions mêmes nous autorisent à penser que le deuxième possesseur est tout à fait étranger au premier, soit qu'il ait pris de lui-même possession du fonds, soit qu'il tienne ses droits *a non domino* « ..... is autem qui postea cæperit possidere. » On le voit, il n'y a aucun trait d'union entre eux, le deuxième n'est successeur ni à titre universel ni à titre particulier. Il n'y a donc pas d'*accessio temporis* possible, puisqu'elle suppose une succession à titre universel ou particulier.

Il peut arriver, soit à raison de certaines personnes, soit à raison de certaines circonstances, que l'extinction de la servitude ne se produise pas quoi qu'il y ait non usage.

1° Lorsque le fonds dominant appartient par indivis à plusieurs propriétaires et que l'un d'eux exerce son droit.

2° Lorsque le fonds dominant appartient par indivis à un majeur et à un mineur, lors même qu'aucun d'eux n'a exercé la servitude.

3° Lorsque la servitude est due à un lieu religieux, car les lieux religieux étaient protégés d'une façon spéciale : « Iter sepulchro debitum non utendo nunquam amittitur. » L. 4. D. 8. 6.

Les deux premières exceptions ont pour fondement l'indivisibilité. A raison des relations qui unissent les communistes, l'exercice de l'un a lieu au nom de tous les autres, et conserver pour l'un, la servitude, par suite de son indivisibilité même, est conservée pour les autres : « nec enim pro parte amitti servitus potest, dit Pothier. Pand. liv. 6 § 4, nº 10. »

Cette proposition est confirmée par une foule de textes. « servitus et per socium et fructuarium et bonæ fidei possessorem nobis retinetur » L. 5. D. 8. 6 et ce texte de Proculus « quod si plurium fundo iter aquæ debitum esset, per unum eorum omnibus his, inter quos is fundus communis fuisset usurpari potuisset. » L. 16, D. 8. 6.

S'agit-il d'un fonds appartenant par indivis à un majeur et à un mineur, il n'est pas même nécessaire que le droit ait été exercé. Le non usage est reputé non avenu quant au mineur ; la servitude est conservée à son égard, et, par suite à l'égard du majeur, car elle est indivisible. On applique ce brocard qui fut formulé par Dumoulin. « minor relevat majorem, » brocard qui n'est que la traduction de la la règle posée par Paul : « si communen » fundum ego et pupillus haberemus, licet uterque » non uteretur tamen propter pupillum et ego » viam retineo. » L. 10. D. 8. 6.

Mais dès que le fonds cesse d'être indivis, il y a

désormais autant de servitudes distinctes que de lots différents, et ni la jouissance, ni l'incapacité de l'un des propriétaire ne protége plus les autres : « si divisus est fundus inter socios regionibus, » quoad servitutem attinet quæ ei fundo debebatur, » perinde est ac si ac initio duobus fundis debita » sit. L. 6, D. 8. 6. »

Législation de Justinien. La loi 13. C. 3. 34, rendue en 531, édicte une innovation fort importante. Jusque-là les délais extinctifs avaient été de deux ans. Sur ce point la législation n'avait pas varié depuis la loi des XII Tables. Justinien trouvant ce délai beaucoup trop court emprunte celui de la prescription prétorienne qui était de dix ans entre présents, de vingt ans entre absents, et l'étend au non usage : « Sicut usumfructum qui non utendo » per biennium in soli rebus, per annale (autem) » tempus in mobilibus vel se moventibus diminue» batur, non passi sumus hujusmodi sustinere » compendiosum interitum, sed ei decennii vel » viginti annorum dedimus spatium. Ita et in » cæteris servitutibus obtinendum esse censuimus, » ut omnes servitutes non utendo amittantur, non » biennio, (quia tantummodo soli rebus annexæ » sunt) sed decennio contra præsentes vel viginti » spatio annorum contra absentes ; ut sit in omni» bus hujus modi rebus causa similis, explosis diffe» rentiis. »

Justinien rappelle dans cette constitution qu'il avait déjà modifié les délais de la prescription extinctive quant à l'usufruit « sicut usumfructum. » En effet, par une constitution rendue en 530, une année auparavant l'Empereur avait élevé ce délai de deux ans à dix ou vingt ans. En 531 il s'avise d'étendre cette disposition aux servitudes réelles, afin d'avoir une règle unique pour la prescription de toutes les servitudes. Sa réforme sur ce point est certaine, personne ne la consteste; mais faut-il dire que Justinien est allé plus loin et qu'il a bouleversé les conditions de la prescription extinctive des servitudes, comme cela semble résulter de la L. 16, C. 3. 33. « Sed nos hoc decidentes, sancimus non solum actionem quæ de usufructu nascitur, sed nec ipsum usumfructum non utendo cadere, nisi tantummodo morte usufructuarii et ipsius rei interitu ; sed usumfructum quem sibi aliquis adquisivit, hunc habeat dum vivit, intactum : cum multæ et innummerabiles causæ rebus incidant mortalium, per quas homines jugiter retinere, quod habent, non possunt, et est satis durum per hujusmodi difficultates amittere. Quod semel possessum est nisi talis exceptio usufructuario opponatur, quæ, etiamsi dominium vindicaret, posset eum præsentem vel absentem excludere. » Cette dernière phrase à laquelle semble faire allusion un passage des Institutes, « finitur autem ususfructus.... ... non utendo *per modum* et tempus » contient-elle une réforme capitale comme la stricte interprétation le fait supposer ? Règle-t-elle implicitement ce modus dont parle les Institutes et dont il n'avait pas été question jusque là ? M. Pellat pose ainsi la question : « La réforme de Justinien ne s'applique-t-elle qu'au délai qu'elle prolonge jusqu'à dix ou vingt ans, ou va-t-elle plus loin et consiste-t-elle en ce que la servitude ne finira plus par le simple non usage, mais qu'il faudra pour faire déchoir le propriétaire de son droit, des circonstances telles qu'une exception pût lui être opposée s'il revendiquait la propriété, en sorte que le propriétaire du fonds dominant..... ne perdra pas sa servitude pour avoir négligé de jouir, si un autre n'a pas possédé pendant le temps et avec les conditions propres à fonder la nouvelle usucapion ou prescription de long temps. » Propriété et usufruit nº 112.

A n'envisager que cette phrase sur laquelle porte la controverse, bien qu'elle soit peu explicite, il est certain qu'elle fournit un argument très-fort au système, d'ailleurs généralement abandonné aujourd'hui, qui prétend y voir un changement radical dans les conditions de la prescription extinctive « nisi talis exceptio usufructuario opponatur, quæ, » etiamsi dominium vindicaret, posset eum exclu» dere. » Le sens naturel de ces mots est bien de mettre l'usufruitier, ou le propriétaire dominant, puisque la question se pose à propos de servitudes prédiales, sur la même ligne que le propriétaire qui ne perd pas son droit pour ne l'avoir pas exercé, et n'est repoussé dans sa revendication que si un tiers a possédé et *usucapé*. Désormais il y avait donc une *usucapio libertatis* en matière de servitudes rustiques.

Il n'est pas besoin de faire remarquer l'importance de cette innovation, (inexplicable surtout en ce qui touche l'usufruit dont le législateur a toujours multiplié les causes d'extinction, l'usufruit enlevant au fonds une somme considérable d'utilité).

Nous n'adoptons pas cette opinion ; une foule de considérations et de raisons sérieuses la repoussent à notre avis.

D'abord comme l'a fait remarquer notre savant et regretté maître M. Ortolan, elle n'est pas en harmonie avec la nature des servitudes rurales. Ces servitudes sont discontinues en général et quand le propriétaire dominant a cessé d'user, le propriétaire du fonds servant ne pose aucun fait contraire, son fonds recouvrant sa liberté par cette obtention. Dira-t-on que la réforme de Justinien l'oblige à se conformer aux règles de *l'usucapio libertatis* et qu'il ne peut s'en prendre qu'à lui si, aprés le temps requis, son fonds est encore grevé de la servitude, mais c'est renverser toute la législation antérieure c'est attribuer à cette réforme un esprit tout contraire à l'esprit du législateur de toutes les époques, car l'extinction des servitudes rurales a toujours été favorisée.

De plus Justinien change les délais de la presciption. Or, continue M. Ortolan « l'interprétation qu'on veut donner aux expressions de sa constitution sur l'usufruit rendrait à peu près totalement impossible l'application de cette prescription, et y substituerait en réalité la prescription de trente ans, sans distinction d'absence ni de présence. En effet, si l'on veut prendre à la lettre ces expressions « *nisi talis exceptio.....* » il faudra dire qu'il est nécessaire non seulement que le propriétaire du fonds servant ait fait un acte contraire, mais encore qu'il l'ait fait de bonne foi et en vertu d'un juste titre, car tout cela serait indispensable s'il s'agissait du domaine. On arrive ainsi à l'impossible, sauf deux cas exceptionnels.

1° Celui où un tiers aurait acquis et possédé de bonne foi le fonds servant comme franc et libre de la servitude.

2° Celui où le propriétaire du fonds servant aurait acquis de bonne foi sa libération d'un tiers qu'il aurait cru propriétaire du fonds dominant, c'est-à-dire qu'en réalité la véritable prescription des servitudes par le non usage serait celle de trente ans, par laquelle l'action en revendication de la servitude se trouverait éteinte sans distinction entre absents ni présents, sans nécessité de bonne foi ni de juste cause de libération, toujours avec la différence que comporte forcément la nature des choses entre les servitudes urbaines, dont l'exercice est continu, et les servitudes rurales qui n'ont en général qu'un exercice discontinu. »

Si l'intention de Justinien avait été de substituer cette prescription de trente ans, qui devient seule possible dans le système adverse, aux anciens délais, n'est-il pas évident qu'il en aurait parlé spécialement? Or nulle part il n'en dit un mot, tandis que ses constitutions parlent positivement du non usage pendant dix ans entre présents ou vingt ans entre absents, ce qui est décisif non-seulement à cause de la durée exprimée, mais à raison même de ces mots, *non utendo*, qui ont un sens bien défini et qui ont toujours été opposés à l'*usucapio libertatis*; *non uti* c'est le défaut d'exercice, et rien de plus. Ajoutons que les textes qui se rapportent à l'extinction de l'usufruit ont subi lors de leur insertion au Digeste un seul genre de correction. On a partont remplacé la mention du délai par des expressions telles que celles-ci, *constitutum tempus* ou *statutum tempus*, nulle part on n'a remplacé les mots *non usus* par ceux d'*usucapio libertatis* l. 10, D. 43. 15.

Remarquons en outre une inconséquence bizarre à laquelle arrive le système adverse, car s'il déduit de la loi 16 la réforme que nous discutons, pourquoi ne déduit-il pas de la loi 13 (3. 34) une réforme inverse et qui est posée par cette loi tout aussi catégoriquement. Cette loi, afin de mettre de l'unité dans la législation, place sur la même ligne toutes les servitudes au point de vue de la prescription extinctive qu'elle désigne par ces mots « *non utendo* ut omnes servitutes non utendo amittantur, » ut sit in omnibus hujusmodi rebus causa similis, » explosis differentiis. » Ainsi, toutes les servitudes prédiales se perdraient par non usage, plus d'*usucapio libertatis* en matière de servitudes urbaines, mais à l'inverse, *usucapio libertatis* édictée pour l'usufruit par la loi 16. Est-ce vraisemblable ? N'est-il pas vraisemblable au contraire que Justinien dans la loi 15, comme dans la loi 13 n'a eu en vue que la réforme des délais, et n'a nullement songé aux conditions intrinsèques de la prescription extinctive ? S'il en était autrement, trouverait-on dans le Digeste, nous le répétons, tant de textes relatifs à l'extinction des servitudes urbaines par l'*usucapio libertatis* !

Une autre considération bien déterminante est celle des dates respectives de ces deux constitutions la l. 16, C. 3, 34 est de 530 et la loi 13 dans laquelle Justinien parle encore de la perte de l'usufruit par non usage est de 531. On peut penser que la constitution de 531 fut mal rédigée, et qu'on donne une portée excessive à un texte conçu au point de vue restreint des délais.

Quant aux mots *per modum* et *tempus* des Institutes dans lesquels on croit voir un renvoi à la loi 16, ils s'expliquent tout naturellement. Il suffit de les traduire par mode, mesure, conditions d'exercice, ce qui est le sens ordinaire du mot *modus* et de dire que le propriétaire dominant qui n'a pas exercé son droit selon le mode déterminé par le titre, perdra la servitude par non usage comme nous l'avons vu. Il a par exemple exercé un mode tel qu'il constitue une servitude nouvelle ; son titre lui donnait le droit de puiser de l'eau la nuit, il en a puisé le jour, ou un usufruitier croyant n'avoir que le *jus utendi* n'a exercé que ce droit, le *jus fruendi* s'éteindra par non usage, ou bien son droit d'usufruit étant limité aux raisins, il a recueilli les blés sans toucher aux raisins, l. 20, D. 7. 4.

Conclusion. — Justinien n'a rien changé aux conditions de la prescription extinctive, si ce n'est les délais. Nous repoussons donc cette opinion extrême qui voit dans la loi 16 la proclamation de l'*usucapio libertatis* en matière d'usufruit. Encore une fois, Justinien n'a pu vouloir donner à un lambeau de phrase une portée aussi considérable, portée démentie d'ailleurs par des textes nombreux. Nous repoussons pour les mêmes raisons cette autre opinion extrême qui, de la loi 13 « ut » omnes servitutes non utendo amittantur » a conclu que Justinien supprimait l'*usucapio libertatis* pour les servitudes urbaines; l'Empereur n'avait qu'un but, augmenter les délais extinctifs « non » biennio sed decennio contra præsentes, vel viginti » spatio annorum contra absentes. » S'il parle du non usage c'est que le non usage est la condition essentielle de toute prescription extinctive, mais il ne se propose pas autrement de la règlementer. C'eût été le cas de rendre une constitution prolixe et emphatique; un telle réforme méritait mieux que quelques mots jetés incidemment au milieu d'une disposition législative.

Dernière remarque sur les réformes de Justinien, quant aux délais. On comprend très-bien que ces délais soient de vingt ans quand il s'agit d'une prescription acquisitive, car cette augmentation du délai normal de dix ans apparaît dans le cas où le domicile de celui au préjudice duquel s'accomplit la prescription, n'est pas dans la même province que le possesseur, et dès lors on voit que le débat judiciaire qui doit être précédé de la *vocatio in jus* (pour obtenir l'action) est plus difficile. Cette raison d'être du délai de vingt ans se montre dans la prescription des servitudes urbaines, quand le propriétaire dominant est placé en face d'une *usucapio libertatis*. « Il faut ici, dit M. Machelard, déranger l'état de possession que s'est arrogé l'adversaire, et la voie de l'action en justice sera le moyen le plus régulier d'atteindre ce but. Mais, dans le cas où le droit s'éteint par l'effet seul de l'inaction où il est resté, quelle raison y a-t-il de relever de sa négligence prolongée pendant dix ans le propriétaire du fonds dominant, si par hasard celui qui a bénéficié de cette inertie, et qui pour en bénéficier n'a eu rien à faire, se trouve domicilié en dehors de la province? Afin de conserver son droit, le titulaire n'avait pas besoin de recourir à une instance. En fait, il n'y a jamais eu obstacle apporté à l'exercice de la servitude, il suffisait, pour la sauver, de la faire vivre, de mettre fin à l'état de léthargie. » Il est clair que, dans ce cas, le propriétaire dominant n'intéresse nullement. Pourquoi n'a-t-il pas exercé son droit, il ne peut s'en prendre qu'à sa négligence de l'extinction de la servitude. L'usage n'en était pas rendu plus difficile par cette circonstance qu'il est domicilié dans une autre province que le propriétaire assujetti, partant, cette extinction par la prescription de vingt ans n'est pas justifiée. On a dit avec raison que Justinien, dans cette hypothèse, devait pour être logique, déterminer la présence ou l'absence d'après la distance qui séparait les deux fonds du domicile du propriétaire dominant. Mais il ne l'a pas fait.

Nous venons de terminer l'étude de l'extinction directe des servitudes par le *non usus* ou par l'*usucapio libertatis*, suivant la catégorie à laquelle elles appartiennent. Il existait un autre mode d'extinction fondé également sur le temps. Les servitudes pouvaient s'éteindre par le contre coup de l'acquisition que faisait un tiers de la pleine propriété du fonds servant au moyen de la *possessio longi temporis*, possession qui, cela va sans dire, n'avait pas été interrompue par un exercice quelconque de la servitude. Il semble qu'il n'y ait aucun intérêt à distinguer cette extinction indirecte de l'extinction directe, puisque la durée du non usage est la même désormais que celle de la possession prolongée constituant une prescription acquisitive, et que l'extinction de la servitude coïncide exactement avec l'acquisition de la pleine propriété. Mais il n'en était pas ainsi, si le temps est le même, le point de départ du délai pouvait ne pas être le même. Il suffit de supposer, pour s'en convaincre, que la servitude a été établie de façon à ne courir qu'*ex die*, et que la possession du fonds ait commencé avant la naissance du droit ainsi constitué. Dans ce cas, on voit que la propriété du fonds sera acquise *tempore* à une époque où la servitude ne sera pas encore éteinte.

DROIT FRANÇAIS

DE L'ÉTABLISSEMENT ET DE L'EXTINCTION
DES SERVITUDES RÉELLES PAR LA PRESCRIPTION

CHAPITRE PREMIER

ACQUISITION DES SERVITUDES RÉELLES PAR LA PRESCRIPTION

Il y a peu de questions dans notre ancien droit qui soient plus incohérentes, plus diversement résolues que celle de l'établissement des servitudes par la prescription. Sur ce point en effet les règles variaient et dans les pays de droit écrit et dans les pays de droit coutumier.

De plus, dans chaque province coutumière ou de droit écrit, la législation n'était pas la même que la législation de la province voisine, l'une exigeant une possession de dix ou vingt ans, l'autre de trente, quarante, cent ans et même immémoriale, ou rejetant ce mode d'établissement des servitudes. C'était, comme on l'a dit une véritable anarchie législative.

« Il n'y a, disait Ferrières, qu'en pays de droit écrit que l'on puisse acquérir les servitudes par une longue possession » Dict. de D. par Claude de Ferrières, V° servitudes. Cette proposition n'est pas rigoureusement exacte, car nous trouvons certaines coutumes, en petit nombre il est vrai, qui partageaient à cet égard les principes du droit écrit, mais la grande majorité des coutumes repoussait cette régle admise dans le midi de la France.

Le parlement d'Aix favorisait tellement la prescription qu'il n'exigeait même pas un acte de contradiction, il se contentait d'une possession publique et sans trouble.

Parlement de Besançon. Suivant Lalaure, p. 113 la Franche-Comté était en cette matière régie par le droit civil. La maxime nulle servitude sans titre n'y était pas reçue, mais on n'y admettait que la prescription de trente ans pour les servitudes continues et la possession immémoriale pour les servitudes discontinues.

Parlement de Bordeaux, même jurisprudence que dans le parlement de Besançon.

Parlement de Dijon. La plus grande diversité existait entre les arrêts et les auteurs. Cependant, suivant Lalaure qui rapporte toutes les opinions et cite un grand nombre d'arrêts, on doit en définitive s'en rapporter au sentiment de Brillon qui déclare que c'est une maxime constante dans ce parlement que les servitudes urbaines continues ou non continues ne peuvent s'acquérir sans titre, et qu'à l'égard des servitudes rurales, soit continues soit discontinues, elles peuvent s'acquérir par la possession trentenaire.

Parlement de Grenoble. Le Dauphiné était régi par le droit écrit. Cependant on n'y admettait pas la prescription de dix ou vingt ans, mais seulement la prescription de trente ou quarante ans.

Parlement de Pau. Dans le Béarn on suivait le droit romain qui faisait loi sur cette matière, (Ici Lalaure voit une fausse application du droit romain) c'est-à-dire, pour les servitudes continues, prescription de dix ou vingt ans, et pour les servitudes discontinues possession immémoriale. (La vérité c'est que la division fondamentale des servitudes en urbaines et rurales avait été transformée.)

Parlement de Toulouse. Quant aux servitudes continues nécessité d'une possession de trente ans entre laïques et de quarante si c'est contre un corps ecclésiastique, et quant aux servitudes discontinues, à défaut de titre, nécessité d'une possession immémoriale.

En résumé, nous voyons dans la plupart des Parlements de droit écrit la prescription admise avec plus ou moins de facilité selon une distinction inconnue des Romains, distinction que le Code civil a convertie en loi, et qui a une importance capitale dans notre matière.

Droit coutumier. — Les coutumes peuvent se diviser, au point de vue de la prescription acquisitive des servitudes, en quatre classes :

1° Coutumes qui l'admettaient absolument, par exemple celle de Douai et celle d'Artois qui avaient reçu à cet égard le principe romain.

2° Coutumes qui l'admettaient relativement à certaines servitudes, ou vis-à-vis de toutes les servitudes, mais dans certains cas.

3° Coutumes qui dans aucun cas ne la recevaient.

4° Coutumes muettes.

Dans les trois premières classes il y avait des variétés importantes, mais la plus intéressante à étudier est celle des coutumes qui se mettait en opposition formelle avec le droit romain et repoussait absolument la prescription. Elle allait trop loin en cela, et cette règle de l'imprescriptibilité des servitudes était remplie d'inconvénients : « Elle ne peut pas disait Bannelier être admise indéfiniment, et les plus grands jurisconsultes cherchent à la restreindre dans les pays où l'on est forcé par des textes formels de la suivre. » Ces textes formels nous les trouvons dans la coutume de Paris, art. 186. « Le droit de servitude ne s'acquiert pas par longue possession, quelle qu'elle soit, sans titre encore qu'on en ait joui par cent ans, mais la liberté se peut acquérir contre le titre de servitude par trente ans entre âgés et non privilégiés. »

L'art. 607 de la Coutume de Normandie s'exprimait ainsi : Droitures de servitudes de vues, égoûts de maisons et autres choses semblables ne peuvent être acquises par possession ou par jouissance, fût-elle de cent ans, sans titre, mais la liberté peut s'acquérir par la prescription de quarante ans continuels contre le titre de la servitude. »

Nous trouvons le même principe dans la coutume d'Orléans, art. 225, non moins rigoureusement exprimé : « *Veues*, égouts et tous autres droits de servitudes ne portent saisine à celui qui les a, s'il n'a titre valable, et sans titre valable, ne les peut prescrire par quelque temps que ce soit. » Pothier sur cet article met l'annotation suivante : « La Coutume de Paris ajoute, « même de cent ans » la raison sur laquelle elle se fonde, est qu'une possession telle qu'est présumée celle des servitudes, dont il n'y a pas de titre, ne cesse pas d'être précaire par le laps de temps, quelque long qu'il soit, le laps de temps ne pouvant pas en changer la qualité « cum nemo sibi ipse mutare possit causam possessionis suæ » (L. 3, § 19, D. de adcquir. poss.) Mais dans les coutumes telles que la nôtre qui ne s'en expliquent pas, il y a de bonnes raisons pour soutenir que l'usage centenaire vaut titre et établit la servitude, ce qui est conforme à l'opinion de Dumoulin qui enseigne en son conseil 26, n° 24 et 25 que la prescription centenaire vaut titre. » Dumoulin, en effet, voulait que la prescription immémoriale eût *vim tituli, vim constituti* et s'appliquât aux démembrements de la propriété comme à la propriété même. En 1560, il émet cet avis dans ses consultations que la prescription centenaire dispense de toute allégation de titre. Les réformateurs de la Coutume de Paris en 1580 n'avaient cependant pas reproduit l'avis de Dumoulin. Ils avaient au contraire ajouté à l'ancien article ces mots qui excluaient toute prescription : « encore qu'on en ait joui par cent ans. »

La Coutume d'Orléans lors de sa réformation n'avait pas reproduit cette modification. Aussi Pothier réagissant contre la rigueur du principe « nulle servitude sans titre », essaie-t-il d'y échapper à la faveur de cette rédaction moins précise ; il fait remarquer que lorsqu'il y a possession centenaire, il est vraisemblable qu'il y a eu un titre dans le principe qui s'est perdu, et il cite un arrêt de 1560 dans ce sens. Cependant sur l'art. 225 Pothier reconnaît que la jurisprudence est opposée à la prescription même centenaire, et il ajoute ceci « quelque puissantes que soient ces raisons et ces autorités, on aurait peut-être aujourd'hui de la peine à réussir à établir une servitude par la seule possession centenaire, parce que la nouvelle jurisprudence incline beaucoup à interprêter les autres coutumes par celle de Paris. »

Dans les autres coutumes qui suivaient la même règle, la jurisprudence y apportait souvent des restrictions.

Pour en donner quelques exemples, nous citerons la Coutume de Meaux qui admettait l'acquisition de la servitude dans le cas particulier où le propriétaire assujetti avait opposé une contradiction formelle à la prétention du propriétaire dominant.

La coutume de Tournai qui permettait d'autres preuves que les preuves littérales, présumant l'existence du titre et dispensant de la représentation de ce titre.

A Paris même les grands auteurs coutumiers, Dumoulin, Coquille, Pothier voyaient une reconnaissance du propriétaire servant et non une simple tolérance dans le fait de laisser accomplir des travaux apparents d'égoût sur son fonds et incorporer l'égoût à ce fonds.

Le titre émané a *non domino* mais d'un *non dominus possessor* était considéré également comme le point de départ d'une prescription acquisitive de la servitude.

Enfin quand la servitude éteinte par le non usage était exercée de nouveau, les auteurs coutumiers faisaient fléchir le principe et, après le temps requis, validaient la servitude ainsi recouvrée.

C'est par l'effet d'une défiance excessive et non justifiée dans tous les cas que la coutume de Paris et toutes celles qui admettaient cette règle si dure « nulle servitude sans titre » avaient rejeté la prescription des servitudes. Cette prescription en effet se recommande par les motifs les plus plausibles et, si on la restreint aux servitudes continues et apparentes, ne soulève aucune objection véritablement sérieuse.

« Dira-t-on en effet que les servitudes sont des choses incorporelles, qui n'étant pas susceptibles de possession ne devraient pas être susceptibles de prescription ? Il serait facile de répondre que les choses incorporelles peuvent être l'objet d'une sorte de possession qui consiste dans la jouissance du droit. Telle est la disposition formelle de l'art. 228, et on devait d'autant plus l'appliquer ici que les servitudes continues et apparentes consistent dans des ouvrages extérieurs qui forment une modification corporelle des héritages eux-mêmes, et dont la jouissance a lieu par le fait seul de l'existence de ces ouvrages. Demolombe.

Aussi le législateur français n'a-t-il pas hésité à poser le principe de l'acquisition des servitudes par la prescription. Il n'a pas été tenté de dire comme les jurisconsultes romains « incorporales tamen sunt » et ideo usu non capiuntur ». Aussi est-il regrettable qu'il ait maintenu implicitement dans l'art. 2228 cette antique division des choses en corporelles et incorporelles. Pourquoi opposer la propriété à ses démembrements ? la raison, les principes du Code, et les conséquences que le législateur lui-même tire de ces principes nous conduisent à reconnaître et à la propriété et à ses démembrements une nature identique ? Pourquoi changer de point de vue pour apprécier la possession en regard de ces divers droits ? A quoi bon dire en considérant à la fois la propriété et son objet, voilà une chose corporelle, puis en déplaçant le point de vue pour n'envisager que le droit seul ; les démembrements de la propriété sont des choses incorporelles ? n'est-ce pas une méthode vicieuse qui suppose retenue la théorie de la quasi-possession, et ne concède que timidement la prescription dans notre matière, quand la nature des choses et, sous certaines distinctions, l'impose énergiquement. En effet les servitudes, aussi bien que la propriété, sont des droits, des rapports juridiques, de pures abstractions et comme la propriété elles ont pour objet des choses corporelles. Et remarquons que cette façon d'envisager les servitudes n'est pas sans importance, ce fut à la condition de l'admettre que le législateur romain permit à l'origine l'usucapion et c'est pour l'avoir répudiée qu'il porta la loi *Scribonia*. Plus tard, et observons le, très-peu de temps après la loi *Scribonia* les progrès de la jurisprudence et les inconvénients graves qui résultaient de cette prohibition firent ouvrir les yeux aux jurisconsultes de l'époque classique. On remarque de nouveau que si les servitudes n'étaient pas susceptibles de la véritable possession, c'est-à-dire de la détention de la chose exercée *animo domini*, elles étaient du moins susceptibles d'actes équivalents, dans une mesure plus restreinte peut-être, mais enfin d'actes physiques, de ce pouvoir manifesté d'une manière continue ou successive qui caractérise la possession. L'usucapion reparut donc sous un autre nom. Le législateur moderne, adoptant ces idées, ne s'est pas arrêté à l'objection tirée de la nature incorporelle des servitudes, objection irrationnelle et surannée qui n'a pu se maintenir dans le droit de toutes les époques que par la force de la tradition, nous n'osons dire de la routine. Encore une fois les servitudes sont des démembrements de la propriété et comme telles participent de sa nature, elles ont pour objet des fonds de terre et s'exercent sur ces fonds par des actes physiques qui, dans certaines servitudes, surtout celles dont la loi permet l'acquisition par le temps, présentent au plus haut degré les caractères légaux et réguliers de la possession. La prescription s'imposait. Ainsi l'a compris le Code, mais il était désirable au point de vue de l'exactitude des idées et de la précision du langage qu'il ne maintînt pas la vieille théorie de la quasi-possession.

Une autre objection tirée des dangers de la prescription, n'a pas non plus arrêté notre législateur. Cette objection ne serait pas mieux fondée quant aux servitudes dont le Code permet l'établissement par ce mode. « Car, il est presque impossible que les servitudes continues et apparentes demeurent, pendant tout l'espace de trente ans, ignorées du propriétaire du fonds sur lequel elles s'exercent, et, en outre, elles sont si gênantes, si onéreuses, elles constituent une telle atteinte à la propriété du fonds asservi qu'on ne saurait y voir le résultat de la simple tolérance et des seuls rapports de bon voisinage. Lorsqu'un tel état de choses a duré pendant trente ans, il est très-rationnel et très-juste au contraire, de présumer qu'il a été activement exercé par l'un et supporté par l'autre passivement, comme une servitude véritable dont le titre, s'il n'est pas représenté a pu s'égarer et se perdre. » M. Demolombe.

Dans les travaux préparatoires, nous trouvons ces mêmes idées et ces mêmes raisons qui ont à juste titre dicté au législateur l'art. 690. « Les servitudes continues et apparentes, dit le conseiller d'Etat Berlier, pourront s'acquérir par une possession trentenaire, car des actes journaliers et patents exercés pendant si longtemps sans aucune réclamation ont un caractère propre à faire présumer le consentement du propriétaire voisin ; le titre même a pu se perdre, mais la possession reste et ses effets ne sauraient être écartés sans injustice. Il n'en est pas de même à l'égard des servitudes continues non apparentes, et des servitudes discontinues apparentes ou non. Dans ce dernier cas rien n'assure, rien ne peut même faire légalement présumer que le propriétaire voisin ait eu une suffisante connaissance d'actes souvent équivoques et dont la preuve est dès lors inadmissible, la preuve de la possession trentenaire sera donc admissible dans la première espèce, mais nulle preuve de possession même immémoriale ne sera admise dans la seconde. Cette décision conforme à la justice et favorable à la propriété est l'une des plus importantes du projet et mérite d'autant plus d'attention qu'elle n'était pas universellement admise dans le dernier état de la jurisprudence. »

Ainsi les rédacteurs du Code ont consacré par l'art. 690, un principe équitable. Ils ont justement écarté les défiances et les rigueurs exagérées des coutumes qui disaient : nulle servitude sans titre. Ils ont écarté également le principe contraire, proclamé par une classe de coutumes et la jurisprudence toute entière des pays de droit écrit, car il y avait là certainement un excès de faveur pour la prescription. Permettre la prescription acquisitive de toutes les servitudes c'était ruiner ces rapports de bon voisinage et de tolérance réciproque qu'on ne saurait trop encourager et qui disparaissent avec la sécurité ; c'était aussi donner des effets à une possession équivoque, aller par conséquent au devant d'un double danger.

D'une part, il y a un grand nombre de servitudes qui n'ont pas une assiette suffisament visible pour donner l'éveil au propriétaire assujetti. Celles-ci donc auraient été acquises à son insu malgré l'insuffisance de la possession.

D'autre part, et en supposant qu'elles fussent susceptible d'une possession régulière, il pouvait se faire qu'elles imposassent au fonds assujetti une charge si légère qu'il les tolérât par familiarité, pour conserver de bons rapports avec le voisin, et la loi l'eût puni de ces sentiments louables.

Le Code, en présence des deux principes opposés a pris le juste milieu, admettant la prescription acquisitive des servitudes, mais la restreignant dans des limites raisonnables.

Voici la double règle qui domine notre matière.

Les servitudes continues et apparentes peuvent s'acquérir par la prescription de trente ans.

Les servitudes continues non apparentes et les servitudes discontinues apparentes ou non apparentes ne peuvent s'acquérir que par titre.

Où se place l'origine de cette distinction ?

Les Romains n'avaient pas précisément distingué

les servitudes apparentes des servitudes non apparentes, mais ils tenaient compte de l'apparence en ce sens qu'une possession clandestine ne pouvait conduire à la prescription : mais ils entendaient cette règle avec si peu de rigueur que les servitudes négatives pouvaient être acquises *longa possessione* quoiqu'elles soient non apparentes. On comprend que la possession clandestine soit restée inefficace dans notre droit et que le Code, outre la publicité dans la possession, ait exigé que la servitude fût manifestée par des travaux extérieurs, ce qui est le meilleur moyen de réaliser cette publicité.

Quant à la distinction des servitudes en continues et discontinues, elle n'était pas connue à Rome puisque la prescription était permise à l'égard de toutes les servitudes, mais elle était admise dans l'ancien droit, et le droit écrit se fondait sur cette division pour exiger un plus long délai ou même pour rejeter la prescription à l'égard des servitudes discontinues. Lalaure rapporte l'opinion des auteurs qui, examinant cette distinction, croyaient la justifier par des raisons tirées de la nature de la possession. « Il est né de cette contrariété d'avis, ajoute-t-il, une troisième opinion qui tend à admettre la prescription en faveur des servitudes continues et à la rejeter lorsqu'il s'agit de servitudes discontinues. Cette distinction fondée sur ce que la continuité de la possession, qui est nécessaire pour la prescription, ne se rencontre pas dans les servitudes discontinues, mérite un examen particulier. L'*usucapion* n'a jamais eu d'effet en matière de servitudes rustiques parce qu'elles n'ont pas une cause perpétuelle et continue, l. 10 § 1. D. 41. 3, et elle a cessé d'en avoir en matière de servitudes urbaines parce qu'elle a été abrogée par la loi *Scribonia*. Lalaure cite Cujas à l'appui de son opinion : « In servitutibus prœdiorum urbanorum » idem observatur quod in servitutibus rusticorum » scilicet ut usucapi non possint, sed non eadem » ratione quia in servitutibus rusticis : sed hoc » accidit quia habent intermissionem et non habent causam continuam. In servitutibus vero urbanis id accidit propter legem Scriboniam quœ » vetat servitutum urbanarum usucapionem. » Cujas sur la loi 14 *de servit.* Lalaure ajoute, « il y a plusieurs pays de droit écrit où l'on ne fait point de distinction des servitudes continues d'avec les discontinues, et où elles s'acquièrent également les unes et les autres par la prescription de trente ans, c'est ce qui arrive en Bourgogne, » puis il examine quelques textes de droit romain et conclut ainsi..... « En sorte que, suivant le droit romain, les servitudes continues, telles que celles d'Aqueduc, d'appui et autres de la même espèce, pouvaient s'acquérir sans titre par dix années de possession entre présents et vingt ans entre absents, et à l'égard des servitudes discontinues, telles que celles de passage et puisage, elles ne pouvaient s'acquérir sans titre que par la possession immémoriale. Aussi les jurisconsultes les plus accrédités se rangeaient unanimement à cet avis. »

Nous ne nous arrêterons point à discuter les assertions de Lalauré, si ce n'est la dernière. Tous les jurisconsultes, quoiqu'il en dise ne se rangeaient pas à cet avis que les servitudes discontinues (qui n'étaient pas distinguées en droit romain) ne pouvaient s'acquérir que par la prescription immémoriale. (M. de Savigny a démontré que la possession immémoriale n'avait d'effet que dans trois cas). Mais, avant Lalaure, Davezan s'élevait ouvertement contre cette opinion et raillait les auteurs qui admettaient la distinction des servitudes en continues et discontinues: « permissum est quidem poetis som- « niare Parnasso, non jurisconsultis. » Lalaure repousse cette critique, si, dit-il, cet auteur eût bien approfondi les motifs et les lois sur lesquels les jurisconsultes dont il frondait l'opinion s'appuyaient il ne leur aurait pas imputé d'avoir eu tort lorsqu'ils ont posé une distinction établie par les lois. Nous allons voir, avec Merlin, jusqu'à quel point Lalaure avait approfondi la matière, et si la critique de Davezan n'était pas au contraire bien fondée.

Les seules lois que Lalaure ait citées à l'appui de cette prétendue distinction sont les lois 14. *de servit* 28 *de servit. præd. urb.* et 25 D. 8. 6. Mais il faut avouer, dit Merlin, que la distinction des servitudes continues et discontinues pour la prescription n'y est pas établie. La loi 14 *de servit.* porte que les servitudes des héritages rustiques sont incorporelles quoiqu'elles soient les accessoires du fonds et que, par cette raison, elles ne s'acquièrent pas par l'*usucapion*, d'autant plus que par leur nature les servitudes, n'ont aucune possession certaine et continue, et cette décision n'est qu'une suite de la loi Scribonia. Les raisons sur lesquelles elle est fondée conviennent à toute espèce de servitudes, c'est que ces droits sont de simples accessoires du fonds et que par leur nature on n'en peut avoir de possession certaine et continue. Aussi, quoi que le commencement de la loi semble avoir particulièrement en vue les servitudes rustiques, la fin de la loi ajoute que la même chose s'observe dans les servitudes rurales.

La loi 28 *de serv. præd. urb.* admet si peu la distinction que Lalaure veut prouver par elle qu'elle n'est relative qu'à des héritages urbains. On doit reconnaître que dans ces deux lois il n'est pas question de savoir si les servitudes qui n'ont pas de cause continue peuvent se prescrire, mais bien si ces sortes de servitudes peuvent s'établir. On voit que la loi en rejette l'acquisition à titre même de contrat.

Enfin en disant que toutes les servitudes réelles doivent avoir une cause continue elle rejette nettement la distinction des servitudes continues et discontinues.

La l. 25, D. 8. 6, dit simplement qu'on n'est censé avoir l'usage de la servitude qu'autant qu'on croit en jouir en vertu de son propre droit. Cette loi décide en conséquence qu'il ne résulte aucune possession, ni action utile du passage dont on avait joui à titre de chemin public ou de servitude appartenant à autrui.

En un mot les lois romaines exigent que toutes les servitudes soit urbaines, soit rustiques aient une cause perpétuelle. Elles ne font aucun usage de la distinction des servitudes en continues et discontinues et les placent toutes dans la même classe au point de vue de la prescription.

Cette distinction n'existait donc pas dans le droit romain, elle n'est qu'une rectification de la distinction fondamentale, rectification préparée et perfectionnée par les auteurs qui croyaient la retrouver dans les lois romaines et que notre législateur a consacrée.

Cette distinction n'est pas heureuse, a-t-on dit, parce qu'elle répond mal à l'idée que le législateur voulait lui faire exprimer. En effet, parmi les servitudes que la loi considère comme continues il en est, telles que la servitude d'égoût, qui ne s'exercent pas d'une manière continue. Le législateur a voulu que ces deux classes correspondissent, et aux servitudes dont les unes ont besoin du fait actuel de l'homme pour être exercées, et à celles qui n'en n'ont pas besoin, mais le mot de continu dit plus que cela. De plus la loi elle-même donne à titre d'exemples une classification des servitudes qui ne concorde pas avec notre distinction. Ainsi une servitude peut ne pas s'exercer d'une manière continue d'après la définition même de la loi, en ce qu'elle a besoin du fait actuel de l'homme, et cependant elle peut être rangée parmi les servitudes continues. Ainsi la servitude de vue ou celle de conduite d'eau dans lesquelles il y aurait tout au plus ce qu'on appelait autrefois une quasi-continuité.

Mais revenons au principe qui est ainsi formulé par les art. 690 et 691.

690. « Les servitudes continues et apparentes s'acquièrent par titre ou par la possession de trente ans. »

691. « Les servitudes continues non apparentes et les servitudes discontinues apparentes ou non apparentes ne peuvent s'établir que par titre, la possession même immémoriale ne suffit pas pour les établir sans cependant qu'on puisse attaquer aujourd'hui les servitudes de cette nature déjà acquises par la possession dans les pays où elles pouvaient s'acquérir de cette manière. »

Nous ne nous arrêterons pas sur la dernière disposition de l'art. 691, ce n'est que l'application du principe de non rétroactivité écrit dans l'art. 2. Les rédacteurs du code ont cru devoir écarter expressément la possession immémoriale, parce que dans l'ancien droit certaines coutumes l'admettaient dans des cas où elles repoussaient la possession trentenaire, bien que, de l'avis de Dumoulin et de plusieurs auteurs, la possession immémoriale ne méritât pas une plus grande faveur. « Est-ce qu'une possession immémoriale pouvait ajouter quelque chose ici? Quelle confiance pouvaient mériter au delà de trente ans les mêmes actes, les mêmes faits que l'on avait dit être équivoques et non concluants pendant cette première et longue série d'années. »

La prescription trentenaire est donc admise dans notre droit pour les servitudes qui présentent le double caractère d'apparence et de continuité.

Etudions les conditions de cette prescription acquisitive, et d'abord la possession qui en est la base même.

Cette possession doit évidemment réunir les caractères requis par l'art. 2229 : « pour pouvoir prescrire, il faut une possession continue et non interrompue, paisible, publique, non équivoque et à titre de propriétaire. »

Continue. — La possession sera continue toutes les fois qu'elle constituera la jouissance normale et complète dont le fonds est susceptible au point de vue de la servitude. C'est la série d'actes répétés qui la constitue et non pas la perpétuité de ces actes, aussi la continuité de la possession et la continuité des servitudes sont-elles choses toutes différentes quoique exprimées par le même mot. Constatons qu'une servitude discontinue peut être l'objet d'une possession continue, bien qu'on ait soutenu le contraire et attribué la prohibition de la loi à la prétendue impossibilité où l'on était de posséder ces servitudes d'une manière continue.

Il faut convenir que cette explication paraît fort naturelle, car les mots « discontinus » de l'art. 691 et « continus » de l'art. 2229 semblent bien se correspondre et devoir exprimer la même idée. Paul fournit même un puissant appui à cette doctrine, L. 14, pr. D. 8, 1, mais elle est erronée. « Quel est, se demande M. Demolombe à qui nous empruntons la réfutation de cette doctrine, quel est dans l'art. 2229 le sens de ce mot continu ? Veut-il dire qu'il est nécessaire que la possession à l'effet de prescrire, n'ait pas d'intermittences et qu'aucune interruption n sépare les actes de jouissance dont elle se compose . Mais, à ce compte, aucune possession ne serait continue ! Les actes même les plus significatifs et les plus répétés de jouissance que l'on exercerait sur un champ, en labourant, en semant, en récoltant, n'auraient jamais ce caractère et la possession des maisons elles-mêmes en manquerait toujours aussi, car enfin on ne se tient pas et on ne peut pas toujours se tenir chez soi sans bouger. Telle ne peut donc pas être l'acception du mot « continu » dans l'art. 2229.

Lorsque le législateur exige que la possession soit continue, ce qu'il veut, c'est qu'elle ait été persévérante, c'est qu'elle n'ait pas été abandonnée et reprise, c'est que le possesseur enfin, n'ait pas cessé d'exercer les actes de jouissance dont la possession est susceptible eu égard à la chose qui en est l'objet et aux époques plus ou moins rapprochées ou éloignées auxquelles ces actes de jouissance devaient seulement se renouveler, car la possession une fois acquise *corpore et animo* se conserve par la seule intention, *animo tantum*. La possession d'un fonds est donc parfaitement continue dans le sens de l'art. 2229, lors même qu'il serait resté plusieurs mois sans y revenir, s'il y revient toutes les fois que l'exige l'espèce de culture et d'exploitation de ce fonds. Cass. 4 juillet 1838; 3 juin 1839, Domat. Lois civiles, liv. III, tit. 7, sect. 1, n° 4.

Or, la possession peut être certainement continue en ce sens pour les servitudes dites discontinues, et quand, par exemple, j'exerce plusieurs fois par jour, peut-être, sur le fonds de mon voisin, une servitude de passage ou de puisage, il est évident, que ma possession, s'exerçant par des actes répétés et multipliés, est, sous ce rapport, aussi continue que la possession d'un champ sur lequel je ne vais qu'à d'assez longs intervalles pour les besoins de l'exploitation.

Donc, si les servitudes discontinues ne peuvent pas s'acquérir par prescription, ce n'est point parce que la possession n'en serait pas continue dans le sens de l'art. 2229.

Le vrai motif de cette imprescriptibilité, c'est que la possession de ces sortes de servitudes est toujours réputée équivoque et à titre précaire, (art. 2229-2232) c'est que le législateur a présumé de plein droit qu'elle était toujours le résultat de la tolérance, de la familiarité et des rapports de bon voisinage. Il n'y a pas vu cette double condition toujours nécessaire dans la possession à l'effet d'acquérir, d'une part, la volonté dans celui qui l'exerce d'acquérir un droit, d'autre part, dans celui sur le fonds duquel elle est exercée, l'abandon de sa propriété et le consentement à l'établissement de la servitude, et cette présomption basée sur la vérité des faits, sur l'expérience, est aussi éminemment conforme à l'intérêt privé de tous les propriétaires, non moins qu'à l'intérêt général de l'Etat. N'est-il pas évident que si la loi eût attaché à ces relations de bon voisinage le germe d'une prescription, elle aurait rendu la propriété défiante, égoïste, intraitable ! Et ce qu'elle veut tout au contraire, c'est de la civiliser, de la rendre sociable et humaine ! c'est de porter dans toutes ces relations de voisinage, la paix, l'harmonie, la tolérance réciproque et les bons offices. Et voilà pourquoi elle a rassuré les propriétaires en leur déclarant que cette tolérance et ces bons offices ne deviendraient jamais contre eux la cause d'une servitude passive. »

Non interrompue. Le second des caractères que la possession doit réunir, semble se confondre avec le premier ; ce qui est continu n'est-il pas non interrompu et réciproquement ? Le Code lui-même les réunit l'un à l'autre en disant que la possession doit être continue et non interrompue. Sans entrer dans des détails qui appartiennent au titre de la prescription et n'ont rien de spécial au sujet, nous pouvons faire remarquer en passant que ces deux qualités sont tout-à-fait distinctes. Tandis que la discontinuité vient toujours du possesseur qui met des intermittences dans l'exercice de la servitude, l'interruption peut émaner d'un tiers en énonçant dans son auteur une résistance aux entreprises de celui qui jouit, art. 2242 et suiv.

Paisible. — Rien de particulier à dire sur cette condition. La possession continue et non interrompue peut constituer la jouissance paisible signalée dans l'art. 2229. Les actes de violence ne peuvent fonder une possession utile. Celle-ci ne commencera que lorsque la violence aura cessé, art. 2233.

Publique. — Le possesseur doit jouir du droit qu'il prescrit de telle sorte que chacun, et surtout celui contre lequel court la prescription, soit en mesure de connaître cette jouissance. Si le propriétaire dominant profitait de la nuit pour jouir de la servitude, sa possession serait clandestine.

La loi se montre, quant à la publicité, plus exigeante lorsqu'il s'agit d'une servitude que lorsqu'il s'agit de la propriété, car l'apparence doit en matière de servitudes, résulter de signes matériels permanents. En voici la raison. Les faits qui constituent l'exercice d'une servitude non apparente, échappent trop facilement dans la plupart des cas à la surveillance du maître, et l'intention de ceux qui l'exercent est ordinairement moins manifeste que dans la prescription de la propriété.

Non équivoque. — Ce caractère est le complément ou plutôt le résumé de tous les autres. Ainsi une possession qui ne serait pas continue serait équivoque.

Et à titre de propriétaire. — La précarité est entendue très-largement dans le Code civil relativement à la prescription acquisitive des servitudes.

Dans le sens spécial que le droit romain donnait à ce mot, on entendait par possession précaire celle qui avait été concédée à charge de restitution et qui impliquait de la part du concessionnaire reconnaissance du droit du concèdant. Ainsi le propriétaire, dominant qui tient son droit à titre précaire ne peut évidemment prescrire. Mais de plus, comme nous l'avons vu plus haut, la loi frappe d'une présomption de précarité toutes les servitudes discontinues, qu'il y ait ou non concession précaire de la part du voisin.

Du reste le vice de précarité peut être purgé par l'interversion de la possession « cette interversion ne peut résulter que d'une cause venant d'un tiers ou d'une contradiction formelle opposée par le précariste au droit de celui pour le compte duquel il avait jusque là possédé » art. 2238.

1° Par une contradiction qui, dans le cas surtout où elle est suivie d'actes matériels d'empêchements sur l'héritage assujetti, permet d'écarter la présomption de tolérance. La contradiction se renouvelle à chaque acte d'exercice de la servitude et combat chaque fois l'idée de familiarité.

Il y a donc interversion donnant au propriétaire dominant la ressource des actions possessoires sous les conditions ordinaires. Mais la voie de la prescription lui sera encore fermée, résultat illogique sans doute, mais commandé par l'art. 691 qui exige un titre pour l'établissement des servitudes discontinues.

2° En est-il de même de la cause venant d'un tiers dont parle l'art. 2238. Non, par elle-même elle est impuissante. Si en effet le titre émané *a non domino* détruit le rapport de familiarité à l'égard de son auteur, il ne saurait avoir la même vertu à l'égard du véritable propriétaire, puisqu'il ne lui est pas opposable. Rien ne permet de supposer que le propriétaire du fonds servant ait renoncé à l'intégrité de son droit, rien n'enléve aux faits leur caractère apparent de simple tolérance, car les rapports de bon voisinage sont relatifs ; de ce qu'ils cessent à l'égard de l'un on ne peut conclure qu'ils cessent à l'égard de l'autre.

Il en est autrement si le titre a été signifié au propriétaire : cette signification suivie de l'exercice de la servitude vaut contradiction et permettra d'intenter la complainte. Mais le concours du titre coloré et de la contradiction ne saurait fonder l'usucapion des servitudes discontinues qui, encore une fois, ne peuvent s'établir que par un titre émané du propriétaire. Il y a sans doute une certaine anomalie dans ces solutions. La recevabilité des actions possessoires marche ordinairement avec la possibilité de prescrire. L'art. 691 étant formel, on peut regretter l'inadvertance du législateur, mais le devoir de l'interprète est de s'incliner devant la loi.

Nous avons dit que la possession précaire à l'égard des servitudes était entendue plus rigoureusement que la possession précaire de la propriété. Il est facile de le démontrer par un rapide parallèle entre ces deux sortes de possession

1° La possession précaire à l'égard de la propriété ressort d'un contrat ou de la qualité du détenteur la première se montre le plus souvent dans les faits mêmes qui constituent son exercice.

2° La précarité ordinaire ne se présume jamais art. 2230 : au contraire la précarité est toujours présumée dans les servitudes discontinues.

3° De la première naît un vice absolu : la précarité des servitudes est purement relative.

4° La précarité ordinaire disparaît devant une cause venant d'un tiers, ce genre d'interversion n'existe pas pour les servitudes discontinues.

5° L'une profite à autrui et le bénéfice en est recueilli par celui dont le possesseur reconnaît le droit supérieur. « Au contraire les actes de simple tolérance sont, par eux-mêmes, absolûment réfractaires à toute espèce de prescription au profit de qui que se soit : il ne constituent jamais, ni pour autrui ni pour celui qui les pose, une possession efficace, soit à l'effet d'acquérir par le laps de temps, soit même à l'effet d'obtenir la saisine possessoire qui en découle. » M. Folleville jonction des poss. p. 58.

Remarquons, qu'outre le vice de précarité, les vices de clandestinité et de violence sont relatifs et ne peuvent être allégués par l'adversaire de celui qui invoque la prescription qu'autant que la poscession a été viciée à son égard, peu importe qu'elle ait ce caractère à l'égard de tout autre. Les institutes *de interdict.* § 4 avaient formulé cette règle : « si modo nec vi, nec clam, nec precario nactus fuerat *ab adversario* possessionem, etiam si alium vi expulserat aut clam arripuerat alienam possessionem, aut precario rogaverat aliquem ut sibi possidere liceret. »

Nous passerons rapidement sur les autres conditions qu'exige le droit commun dans la prescription acquisitive.

Il faut qu'il s'agisse de fonds ou de personnes à l'égard desquelles la prescription puisse courir. Un immeuble dotal non déclaré aliénable serait imprescriptible pendant le mariage, art. 1561. Il en serait de même s'il s'agissait d'un fonds appartenant à une des personnes énumérées par les articles 2251 et suiv.

On peut se demander à ce propos si la prescription d'une servitude est empêchée par cela seul qu'il se trouve un mineur au nombre des copropriétaires du fonds servant. C'est la contrepartie de l'hypothèse réglée par l'art. 710. La même question peut se poser dans l'hypothèse inverse à celle de l'art. 709. Pour les deux cas nous donnerons la même solution et nous répondrons affirmativement avec les art. 709 et 710, bien que ces articles ne concernent que la prescription libératoire et n'aient en vue que le cas d'indivision du fonds dominant, car, M. Demolombe le fait observer, le principe essentiel sur lequel ils reposent, le principe de l'indivisibilité des servitudes exige impérieusement sous peine de contradiction et d'inconséquence que l'application en soit faite au cas d'indivision du fonds que l'on prétend grever d'une servitude par prescription.

Voyons maintenant une question des plus graves. Les servitudes continues et apparentes sont-elles susceptibles de s'acquérir par la prescription de dix ou vingt ans, ou, au contraire, l'article 690 qui parle seulement de la prescription de trente ans est-il exclusif de tout autre délai? En d'autres termes l'art. 2265 qui admet la prescription de dix ou vingt ans quand il y a bonne foi et juste titre est-il applicable à notre matière?

Nous adoptons la négative. Il n'y a ici qu'une seule prescription acquisitive possible, celle de trente ans.

M. Demolombe expose avec beaucoup de force, avant de les réfuter, les raisons invoquées par l'affirmative. Ce système raisonne ainsi :

1° Aux termes de l'art. 2265 celui qui acquiert de bonne foi et par juste titre un immeuble en prescrit la propriété par dix ou vingt ans. Or, aux termes de l'art. 526, les servitudes sont immeubles. Donc on peut leur appliquer l'art. 2265. Et c'est ainsi que l'on s'accorde généralement à appliquer cet article à l'usufruit qui n'est lui-même immeuble, comme les servitudes, d'après l'art. 526 que par l'objet auquel il s'applique.

2° Qui peut le plus peut le moins. Or l'acquéreur de l'immeuble *a non domino* pourrait prescrire la propriété par dix ou vingt ans. *A fortiori* pourra-t-il acquérir sur cet immeuble un simple droit de servitude.

3° Les motifs qui ont dicté l'art. 2265 existent d'ailleurs ici avec une égale force. C'est à raison de la bonne foi de l'acquéreur et afin de ne pas prolonger si longtemps l'incertitude de son droit que la loi a abrégé la durée ordinaire de la prescription. Or, celui qui a acquis de bonne foi une servitude *a non domino* et qui a fait peut-être en conséquence des travaux dispendieux et considérables, qui n'a construit, par exemple, une maison importante qu'après s'être assuré du droit d'avoir des fenêtres sur le fonds voisin, fenêtres dont la suppression rendrait son édifice inhabitable, celui-là ne mérite-t-il pas la même protection?

4° Enfin la prescription décennale fondée sur un titre émané *a non domino* était admise autrefois, même sous l'empire des coutumes où l'on suivait la maxime « nulle servitude sans titre » et qui ne reconnaissaient pas en conséquence la prescription trentenaire. Or il n'est pas vraisemblable que les rédacteurs du Code qui ont admis la prescription des servitudes continues et apparentes par la seule prescription de trente ans, c'est-à-dire dans un cas où les coutumes la rejetaient, aient à leur tour rejeté la prescription fondée sur un titre, c'est-à-dire dans un cas où ces coutumes elles-mêmes l'avaient admise, et l'art. 690 ne dit en effet rien de pareil, il ne parle que du titre ou de la possession considérée isolément, sans s'expliquer sur le concours des titres et de la possession réunis, son silence à cet égard suffit pour que l'art. 2265, *qui forme le droit commun de la matière*, doive être appliqué aux servitudes comme à tout autre immeuble.

Un arrêt de la Cour de cassation du 10 décembre 1834, rendu après délibération en Chambre du conseil, réfute ce système dans les termes suivants : « La Cour — vu les art. 690, 2264 et 2265. — Attendu qu'il s'agissait dans l'espèce d'une servitude continue et apparente prétendue par le propriétaire d'une maison sur un terrain auquel cette maison est contigue, qu'aux termes de l'art. 690 une telle servitude ne peut s'acquérir que par titre ou par possession de trente ans, et que, dans l'espèce, la possession invoquée était seulement de dix ans. — Attendu que l'art. 2265 relatif à la prescription de dix ans n'est point applicable aux servitudes, puisque la prescription relative à cette matière est réglée positivement par l'art. 690 et que l'art. 2264 dispose que les règles de la prescription sur d'autres objets que ceux mentionnés dans le titre 20, liv. 3, sont expliquées dans les titres qui leur sont propres. Attendu qu'en appliquant l'art. 2265 à une prescription des servitudes, sans même qu'il y eût aucun acte émané du propriétaire du terrain sur lequel on prétendait servitude, l'arrêt attaqué a violé les art. 690 et 2264 du Code civil et faussement appliqué l'art. 2265 du même Code — Casse.

Cet arrêt n'invoque qu'une raison, mais elle est décisive selon nous, tirée de l'art. 2264, « les règles de la prescription sur d'autres objets que ceux mentionnés dans le présent titre sont expliquées dans les titres qui leur sont propres », or les règles de la prescription dans le titre des servitudes sont expliquées par les art. 690 et 691, donc le droit commun n'a rien à voir dans notre matière. Il en est exclu par les art. 2264 et 690 combinés.

Quant aux autres arguments ils n'ont rien de déterminant. Pourquoi, dit l'affirmative, les rédacteurs du Code qui ont admis la prescription des servitudes dans un cas où les coutumes la rejetaient auraient-ils rejeté la prescription fondée sur un titre, c'est-à-dire dans un cas où les coutumes, plus rigoureuses que le droit actuel, l'avaient admise ? Tout simplement parce que les auteurs du Code ont voulu tarir les difficultés et les controverses qui se présentaient dans notre sujet en posant une règle simple et nette. Ils ont repoussé la prescription de dix ans fondée sur un titre parce que son existence dans l'ancien droit ne s'explique que comme une réaction contre le principe rigoureux « nulle servitude sans titre » et que la possession des servitudes, comme l'explique M. Demolombe, « lors même qu'elles sont continues et apparentes, n'a jamais certes vis-à-vis de tout autre que l'auteur même du titre, les mêmes caractères que la possession de la propriété. Elle est toujours plus ou moins équivoque et surtout, elle peut être ignorée du véritable propriétaire. Rien ne serait donc plus dangereux qu'une loi qui abrégerait au préjudice de celui-ci la durée de la prescription acquisitive, et cela, en vertu d'un titre qui lui est étranger et dont il ne soupçonne pas l'existence. Mais, dit-on, on admet bien que l'usufruit peut être acquis par la prescription de dix ou vingt ans en vertu de l'art. 2265. Il est vrai. Mais d'abord il n'y a dans le titre de l'usufruit aucun texte pareil à notre art. 690 qui exige absolument une *possession de trente ans*, et puis, grande est la différence entre l'usufruit et les servitudes. L'usufruit a une existence propre, il peut être hypothéqué, ou exproprié *per se* (art. 2118, 2204) surtout il se manifeste par une possession dont la publicité ne le cède en rien à la possession de la pleine propriété elle-même.

Si la prescription des servitudes continues et apparentes est permise par trente ans, parce que la loi ne leur applique pas la même présomption de précarité qu'aux servitudes discontinues, ne doit-on pas en conclure logiquement que cette prescription cesse d'être applicable aussitôt que la possession en apparaîtra comme précaire. Par exemple, la reconnaissance que fait celui qui ouvre une fenêtre sur le fonds du voisin du droit de ce voisin, ne vicie-t-elle pas sa possession ! Il donne au voisin un écrit dans lequel il reconnaît que sa possession n'est que de simple tolérance, pourra-t-il prescrire malgré cela ? Non, telle est l'opinion générale qui se base sur l'art. 2232, « les actes de..... simple tolérance ne peuvent fonder ni possession ni prescription. Mais il y a de sérieuses raisons de douter, car on peut dire avec l'art. 2248 que « la prescription est interrompue par la reconnaissance que le..... possesseur fait du droit de celui contre lequel il prescrivait. » Ainsi le seul effet de cette reconnaissance serait l'interruption de la possession. Mais, a-t-on dit, celui qui reconnaît que sa possession est de tolérance fait plus que reconnaître le droit de son voisin à la liberté de son fonds. Il avoue que sa possession est vicieuse ; elle reste telle et rend la prescription impossible, et il ne faut pas s'arrêter à l'art. 2220, qui défend de renoncer d'avance à la prescription, car dans l'hypothèse de l'art. 2220, on ne renonce qu'à une prescription *que l'on pourrait invoquer*, en supposant qu'elle fût accomplie régulièrement tandis que, ajoute-t-on, celui qui reconnaît que sa possession est de tolérance constate que l'une des conditions fait défaut. Il ne renonce pas à la prescription, il avoue qu'elle ne peut s'accomplir.

Mais ce système est-il bien juridique, est-il même bien satisfaisant dans sa logique ? Nous croyons qu'il résout la question par la question quand il dit : Non ! Ce n'est pas renoncer à une prescription que de reconnaître le droit du voisin, car dans l'hypothèse de l'art. 2220, on ne renonce qu'à une prescription dont on pourrait se prévaloir, en supposant toutes les conditions accomplies, or ici on ne peut invoquer sa possession parce qu'elle est vicieuse dès le début. Mais c'est précisément ce qu'il s'agit de prouver. Vous dites que les actes de simple tolérance ne peuvent fonder de prescription, je vous réponds que les servitudes continues et apparentes ne peuvent être considérées comme s'exerçant à titre de tolérance, car l'art. 690 admet la precription pour toutes ces servitudes et rejette par conséquent à leur égard cette présomption de tolérance dont elle frappe les servitudes discontinues. Si vous m'objectez que la reconnaissance du propriétaire du fonds dominant a eu pour effet d'imprimer, à la possession, ce caractère de précarité, je vous oppose à mon tour l'art. 2248 qui n'attache qu'une conséquence à cette même reconnaissance, l'interruption de la prescription.

La question s'était aussi posée dans l'ancien droit. Hévin dans son commentaire sur l'art. 287 de la Cout. de Bretagne se demande : « *quid juris ?* Mævius a fait une fenêtre regardant sur son voisin sans droit : celui-ci le poursuit pour la boucher. Il se passe transaction portant qu'elle est contre droit et que Mævius la bouchera ou se réduira en vues mortes toutes fois et quantes. Il se passe cent ans sans que le voisin ait fait cette réquisition. L'action st-elle prescrite? *Sic censeo.* »

De plus le premier système a un grave inconvénient pratique, car, après un siècle, le voisin peut exhumer l'écrit et chasser le possesseur, qui sera par exemple un successeur à titre universel ; de sorte que la possession peut rester indéfiniment vicieuse tant à son égard qu'à l'égard de ses propres successeurs universels. Cet inconvénient n'atteint pas d'ailleurs le successeur à titre particulier qui n'est pas le représentant de son auteur, rien n'empêche qu'il ne commence une possession nouvelle, bonne pour la prescription, mais s'il invoque la prescription avant d'avoir possédé trente ans il sera repoussé, car, obligé de compléter sa possession par celle de son auteur il ne peut la joindre à la sienne que telle qu'elle est, c'est-à-dire vicieuse, et partant inefficace.

Les communes peuvent-elles acquérir un passage par prescription ? Cette question, d'un intérêt pratique évident, doit être résolue négativement si la possession invoquée a été exercée à titre de servitude, car l'art. 691 est inflexible, les servitudes discontinues ne peuvent s'acquérir que par titre. Mais la commune ne peut-elle pas avoir prescrit le passage à titre de propriété? — La jurisprudence l'admet. Il est certain, en effet, que la commune est une personne civile et qu'elle peut acquérir par les voies légales. Art. 711 et 2219, La difficulté réside dans la preuve. Suffira-t-il que les habitants d'une commune aient passé depuis plus de trente ans ? Non, car le fait de passer sur le fonds d'autrui est présumé un acte de tolérance qui ne peut fonder la propriété pas plus que la servitude ; il faudra donc d'autres faits que les tribunaux apprécieront. Voilà ce que décide la Cour de cassation. Il a même été jugé par la Cour de Bordeaux que l'arrêté qui classe un chemin parmi les chemins vicinaux emporte attribution légale du chemin à la commune, sauf la preuve contraire. Ceci est excessif. A la rigueur et bien que le système de la Cour de cassation nous semble tourner la loi, on pourrait s'en tenir à son principe qu'elle formule ainsi. « Il faut que la Commune ait fait passer le chemin dans le domaine communal par une *appropriation caractérisée.* » (Dalloz 1357-1-256). L'arrêt indique le genre de preuve que la commune devra fournir, creusement de fossés, empierrements et entretien du chemin aux frais de la commune, érection d'un monument public, croix par exemple....., la circonstance que le chemin sert de communication entre deux communes ou de jonction entre deux chemins publics. C'est au juge du fait à constater si la possession fait preuve de la propriété ou si ce n'est qu'un passage de tolérance.

En Belgique, il n'est plus besoin de ce détour pour arriver à la prescription de la servitude. L'art. 10 de la loi du 10 avril 1841, permet la prescription de dix à vingt ans en matière de chemins vicinaux. Sous le nom de chemins vicinaux la loi comprend toute espèce de voies qui servent de communication dans la commune, ceux qui appartiennent à la commune à titre de servitude, aussi bien que ceux qui lui appartiennent à titre de propriété.

La disposition de l'art. 10 a été introduite dans la loi en vue surtout des chemins de servitude.

L'étendue de la servitude prescrite. se détermine par cet adage « tantum præscriptum quantum possessum, » si je n'ai possédé que deux fenêtres je ne puis en ouvrir une troisième. Une difficulté s'est présentée à ce sujet, sur l'étendue du droit auquel on prétendait.

La servitude *stillicidii* qui consiste dans une corniche dont l'objet est de déverser les eaux pluviales sur l'héritage voisin peut évidemment s'acquérir par prescription, dans la mesure où est établie la corniche. Mais si la corniche est un simple ornement architectural, la Cour de cassation, Dalloz 1869. 1. 254, a jugé que le propriétaire assujetti pouvait après trente ans bâtir et englober la corniche dans ses constructions, car, dit-elle, le droit à la corniche n'emporte pas la servitude *altius non tollendi*, Cette question est très délicate car, si l'on décide le contraire, on arrive évidemment à imposer sur le fonds servant une servitude *altius non tollendi* qui est non apparente, et qui par suite n'a pu s'acquérir par prescription. D'un autre côté, si l'on permet au propriétaire assujetti d'englober la corniche dans ses constructions la corniche disparait et la régle qui en permettait l'acquisition est violée, car ce n'est pas respecter une servitude que de lui enlever toute son utilité. Opposons à la Cour de cassation sa propre jurisprudence, puisqu'elle admet que les fenêtres pratiquées dans un mur confèrent la servitude de vue au bout de trente ans, de façon que le voisin ne peut élever des constructions qui nuiraient aux vues établies par prescription. Il est donc vrai de dire en ce sens qu'il est grevé d'une servitude de ne pas bâtir bien que cette servitude soit non apparente, et pourquoi ne peut-il pas bâtir ? précisément parceque le propriétaire dominant a le droit de conserver ce qu'il a possédé. Nous pouvons faire ici le même raisonnement.

Le mode des servitudes non prescriptibles est imprescriptible. Si je vous ai concédé une porte de petites dimensions pour exercer votre droit de passage vous ne pouvez acquérir par prescription le droit d'en ouvrir une de grandes dimensions.

Le système de la loi sur la prescription acquisitive des servitudes n'est pas irréprochable. M. Machelard dans une savante dissertation a critiqué avec beaucoup de sens la division des servitudes en continues et discontinues, division qui a une importance fondamentale quant à l'établissemeut des servitudes. Bien que notre cadre soit restreint nous ne pouvons nous empêcher de relever rapidement les défauts signalés dans la théorie du Code sur ce point par notre savant maître. Les questions de servitudes ont un intérêt pratique considérable et bien souvent la jurisprudence se heurtant aux dispositions rigoureuses du Code a dû donner des solutions que ne réclamaient ni l'équité, ni l'utilité. Dans d'autres cas où tout commandait la décision rendue, excepté le texte de la loi, la jurisprudence a dû recourir à des expédients pour éluder la régle formelle établie par la loi. Il importe de constater que ces inconvénients proviennent tous de cette distinction malheureuse à beaucoup d'égards, des servitudes en continues et discontinues.

« Pourquoi, dit M. Machelard, à ce caractère d'apparence, (aisément justifiable), doit-on ajouter celui de la continuité, c'est-à-dire que le fait actuel de l'homme soit inutile pour l'usage de la servitude? En vain le prétendant à la servitude se sera-t-il permis des actes très-onéreux pour le fonds voisin, causant un préjudice sensible au propriétaire de ce fonds. En vain se sera-t-il comporté de la façon la plus ouverte et la plus éclatante; aura-t-il manifesté ses intentions par des ouvrages extérieurs, quelque durée qu'ait eue une possession aussi caractérisée, elle est condamnée à rester stérile pour produire un droit, si par hasard la servitude est telle que le maître du fonds qui serait dominant ait été dans l'obligation, chaque fois qu'il a voulu se procurer l'avantage par lui obtenu, de faire quelque chose, de déployer une activité nouvelle. » Le Code a frappé d'une présomption de précarité toutes les servitudes discontinues, parce qu'il a considéré que ces servitudes sont en général fondée, sur des rapports de bon voisinage, et qu'il a voulu encourager ces rapports en mettant les voisins à l'abri de la prescription, mais il a eu tort d'édicter une règle absolue, ce qui le prouve d'abord, c'est l'anarchie législative de l'ancien droit quant à l'usurpation des servitudes. Notre ancien droit avait compris que les servitudes si variables dans leur exercice, sont loin de se prêter à une présomption générale, il avait reconnu « que la servitude prédiale est un Protée à mille formes, susceptible de se produire sous les aspects les plus variés. » Ce qui fait foi de la difficulté du problème quand on prétend le résoudre *in abstracto*, au moyen de certaines règles posées à priori, règles auxquelles il faudra plier toutes les servitudes quelque différence de physionomie qu'elles puissent offrir. Considérons, par exemple une servitude de passage, on peut dire si elle s'exerce sur un sol non cultivé, de loin en loin, n'entraînant nul dommage, si elle n'est pas révélée par des signes extérieurs, que la loi la présume précaire à juste titre. Que si, au contraire, elle est pratiquée sur un sol cultivé, manifestée par des travaux extérieurs, apparents et permanents, et qu'elle porte un préjudice sensible au propriétaire assujetti, toute idée de tolérance doit être vraisemblablement rejetée. D'ailleurs y a-t-il dans la société des relations plus changeantes que ces relations de bon voisinage sur lesquelles la loi fonde une présomption générale, et si l'on a un voisin complaisant, on peut avoir souvent un voisin qui ne souffrira quoi que ce soit. Pourquoi généraliser dans une matière où tout dépend des relations individuelles.

D'un autre côté il ne faut pas compromettre l'existence des droits qui ont été autrefois légitimement acquis, dont le temps seulement a détruit la preuve, sous prétexte que ces droits ont été exercés à titre précaire, quand les faits protestent : « Supposons que la servitude de passage s'annonce par des ouvrages apparents, quelles sont désormais, les raisons nature à faire obstacle à la prescription ? Le propriétaire du fonds assujetti ne peut pas soutenir qu'il a ignoré les prétentions de son adversaire. La preuve testimoniale se dépouille de ses inconvénients, puisqu'elle porte sur un état de choses, une disposition de lieux qui auront duré ostensiblement pendant trente ans. On ne peut alors expliquer le silence observé par le propriétaire du fonds asservi qu'en disant que les actes pratiqués sur son héritage étaient trop peu dommageables pour qu'il s'en inquiétât, qu'il les a tolérés par esprit de bon voisinage. »

Nous arrivons ainsi à la présomtion de précarité. N'est-ce pas aller un peu vite, et les faits ne donneront-ils pas souvent un démenti à cette présomption ! M. Machelard fait observer d'autre part que la méthode adoptée pour discerner la précarité ou la non précarité a été mise à l'épreuve depuis plus de soixante ans, et n'a pas eu l'avantage de tarir les procès, qui n'ont jamais été plus nombreux sur le point de savoir si telle ou telle servitude est susceptible ou non de s'acquérir par la prescription. Dans notre conviction, on doit voir là, nous le répétons, une difficulté de fait, qu'il est impossible de régler *in abstracto*, qui par sa nature échappe au législateur pour rentrer dans la mission du juge; la réponse à cette question : Une possession a-t-elle été précaire, ne pouvant être faite qu'au moyen de l'examen des circonstances dans lesquelles s'est produite cette possession.

Notre législateur a poussé à l'extrême cette maxime de Bacon « optima lex quæ minimum ju- » dicis arbitrio relinquit; » il aurait dû s'inspirer de cette vérité énoncée par Dumoulin : « Modica » enim circumstantia facti magnam inducit juris » diversitatem. »

Les raisons indiquées plus haut ne sont pas les seules. Nous pouvons remarquer que théoriquement, la nature des servitudes répugne à la distinction introduite par l'art. 688. Les servitudes qualifiées discontinues sont des rapports permanents entre deux fonds et procurent des avantages durables aussi bien que les servitudes continues. Il importe peu que le fait de l'homme soit nécessaire chaque fois qu'il s'agit de retirer de la servitude l'utilité qu'elle peut conférer. Ainsi, les servitudes de puisage, de pacage, d'extraction de pierres, se traduisent par un dommage permanent pour le fonds assujetti qui n'a plus ni son eau, ni son herbe, ni ses pierres, et par contre réalisent un avantage aussi permanent pour le fonds dominant.

Dès lors, ajoute M. Machelard : « si l'on envisage toute servitude quant à son caractère essentiel qui est de constituer à la fois un avantage et une charge, il est clair que la continuité est toujours quelque chose d'inséparable de la servitude, quand bien même celle-ci n'autoriserait à agir que par intervalles sur le fonds assujetti. »

La continuité, telle qu'elle est entendue par l'article 688 n'a trait qu'à l'exercice et nullement à l'essence du droit ; ainsi déterminée, elle est insignifiante.

En effet toutes les servitudes *prohibendi* quoique continues sont imprescriptibles.

Autre reproche, la classification légale est en désaccord avec la définition des servitudes discontinues. Nous l'avons vu, la servitude de vue rangée parmi les servitudes continues a besoin du fait actuel de l'homme pour être exercée. On ne conçoit pas une servitude de vue établie au profit d'une maison habitée par des aveugles, malgré l'existence des fenêtres. Bien qu'elles fournissent de la lumière et de l'air d'une manière permanente, la loi n'a pas tenu compte de cet avantage continu, car ce n'est pas là une charge pour le voisin. Ici le législateur a sans doute confondu la continuité et l'apparence en observant que la fenêtre constituait un état de fait permanent : « Vous dites que la servitude de vue est continue parce que, si l'on ne voit pas toujours, on possède d'une façon continue une fenêtre à l'aide de laquelle on verra dès qu'on le voudra. Pourquoi n'en serait-il pas de même, quand il s'agit d'autres ouvrages, ouvrages incorporés au sol et permettant d'user à son gré de telle ou telle servitude ? »

Ainsi, la continuité est souvent un caractère sans valeur, puisqu'il se rencontre dans des servitudes dont la prescription est défendue et qu'à l'inverse il ne se rencontre pas dans des servitudes dont la prescription est permise. Demandons-nous si la discontinuité doit toujours être un motif pour exclure le mode d'acquisition? Prenons une servitude discontinue, celle de pâcage par exemple on conçoit parfaitement qu'elle s'exerce sans le fait actuel de l'homme, les animaux paissent sans aucun secours, livrés à eux-mêmes. Pourquoi ne pas dire que cette servitude est continue comme celle de conduite d'eau qui s'exerce aussi d'elle-même par l'écoulement de l'eau après que la vanne a été levée, de même que la servitude de pâcage s'exerce d'elle-même quand les animaux ont été conduits dans le champ. On peut même reconnaître que le fait actuel de l'homme qui doit être souvent répété dans la servitude de conduite d'eau, n'est pour ainsi dire pas nécessaire dans celle de pâcage, qui peut s'exercer des mois entiers sans que la présence d'un berger soit nécessaire.

A l'inverse la présomption de non précarité attachée aux servitudes continues est souvent fausse. Ainsi l'appui d'un espalier contre un mur constitue bien une servitude continue, mais si peu préjudiciable au voisin que sa tolérance doit naturellement se présumer et, pourtant, cette possession précaire conduirait à la prescription si l'on ne tenait compte que du principe de l'art. 690, mais la jurisprudence combine ce principe avec celui de de l'art. 2229.

En résumé la théorie du Code admet la prescription dans des cas où la possession est précaire, et le remède qui se trouve dans l'art. 2229 est bien insuffisant lorsqu'il s'agit de servitudes discontinues puisqu'il n'autorise nullement à les prescrire quoiqu'elle soient non précaires et apparentes, l'art. 691 excluant formellement l'usucapion des servitudes discontinues.

On a essayé d'apporter des tempéraments à cette rigueur en basant la prescription sur un titre coloré, ou sur la contradiction, ou, à la fois, sur le titre coloré et la contradiction, mais nous avons dû rejeter ce procédé, les termes de l'art. 691 ne laissant évidemment place à aucune distinction.

Un autre procédé a été imaginé, nous l'avons étudié au point de vue des communes, mais il se présente aussi dans les rapports privés où il est également admis par la jurisprudence. « Renonçons, s'est-on dit, à demander à la prescription qu'elle protège une possession trentenaire en vue de maintenir la jouissance d'une simple servitude. Soyons plus hardis ; élevons nos prétentions jusqu'à la propriété même. » Quelqu'un pendant plus de trente ans a exploité son héritage en suivant telle direction, s'il éprouve un obstacle à la continuation de cet état de choses, il doit bien se garder de dire qu'il traversait le terrain d'autrui et qu'il s'est comporté ainsi comme exerçant une servitude. Mais qu'il allégue avoir agi comme propriétaire du terrain servant d'assiette au passage, alors, bien qu'il n'ait pas de titre, il sera écouté à invoquer une possession qui aura duré trente années. Ce n'est là évidemment qu'un expédient, un moyen d'éluder la loi. On aura beau, ajoute M. Machelard, indépendamment des faits de passage, alléguer des actes différents, quand ils ne sont que des moyens d'en faciliter l'usage, par exemple, l'établissement d'une chaussée, d'un passage, d'un pont, d'une barrière. Je vois bien là une possession éclatante qui ne craint pas de s'affirmer, qui, rationnellement, doit être utile pour la prescription, mais à la condition de se renfermer dans les limites de ce qui a été possédé, c'est-à-dire du droit de passage, *d'une servitude*. Donner à de pareils actes la couleur d'actes de propriété, c'est à nos yeux déguiser le droit véritable pour le faire accepter sous un nom d'emprunt, sans lequel il faudrait renoncer au bénéfice de la prescription » Au fond il faut reconnaître que la prescription exclue d'un domaine qui lui appartenait a fini par reconquérir la place qui n'eût pas dû lui être refusée.

En voulant protéger outre mesure la propriété on l'a sacrifiée, car elle sera divisée; c'est un copropriétaire, ce n'est plus un simple titulaire d'une servitude que le voisin aura dans son voisin. Si même on considère la propriété pleine comme prescrite, le voilà obligé d'établir un chemin sur une autre partie de l'héritage, il ne peut plus désormais participer à l'ancien chemin.

Mêmes observations sur la servitude de puisage ; le voisin aura, dans celui qui prescrit le droit de puisage, un associé sans l'aveu duquel il ne pourra concéder à personne le droit de prendre de l'eau, quelle que soit son abondance.

Tous ces inconvénients sont, manifestes, graves quelquefois, aussi nous rangeons-nous complètement à l'avis de l'éminent professeur, nous regrettons de voir écrite dans notre Code une disposition qui, par ses termes absolus, suscite à chaque instant des procès et des décisions judiciaires placées dans cette alternative de blesser l'équité ou de violer la loi. Il eût fallu que le législateur exigeât seulement l'apparence, Permettre l'usucapion des servitudes apparentes, c'était donner satisfaction à tous les intérêts : quant aux autres qualités que doit ordinairement présenter la possession pour être utile, il était rationnel, nous l'avons démontré, de s'en remettre à l'appréciation du juge, sans qu'il y eût à s'inquiéter de savoir si l'exercice de la servitude demandait ou non le fait actuel de l'homme.

CHAPITRE II

EXTINCTION DES SERVITUDES PAR LE NON USAGE

« La servitude est éteinte par le non usage pendant trente ans » dit l'art. 706, mais il est un autre cas de prescription extinctive qu'il ne faut pas confondre avec celui-là. C'est le cas prévu par l'art. 704, qui, se référant à l'article précédent, dispose que l'impossibilité d'user prolongée pendant trente ans amène l'extinction de la servitude. Il y a cette différence entre l'impossibilité d'user et le non usage que la première provient d'un cas fortuit ou du fait licite d'un tiers, et que le second est imputable à la négligence du propriétaire dominant ou au fait illicite d'un tiers. Dans les deux hypothèses le droit est éteint après trente ans. Nous allons examiner d'abord l'extinction amenée par l'impossibilité d'user ; une grosse question se pose à ce sujet.

Premier cas. — Extinction de la servitude par suite de la cessation prolongée pendant trente ans. Supposons une prise d'eau qui s'exerçait au moyen d'un barrage et d'un canal conduisant les eaux dans le pré au profit duquel la servitude était établie. Le barrage est détruit par une crue extraordinaire. La servitude ne s'exerce plus, l'eau n'arrivant pas à la hauteur du canal. Le propriétaire servant construit, pour les besoins de son fonds, un autre barrage, le propriétaire du pré pourra-t-il user de nouveau de la prise d'eau ?

Nous pouvons supposer également un fonds envahi par les eaux et une servitude de passage ainsi rendue impossible. Voilà deux cas de cessation.

Il en serait de même si le propriétaire d'un fonds intermédiaire bâtissait au détriment d'un fonds voisin qui jouissait par dessus le premier d'une servitude *non ædificandi* sur un troisième fonds. Ici la cessation provient du fait licite d'un tiers. (Nous ne nous plaçons nullement dans l'hypothèse où l'un des fonds serait anéanti, il ne pourrait plus être question alors que de la perte immédiate de la servitude qui disparaîtrait avec toutes les qualités bonnes ou mauvaises du fonds).

Ces trois cas rentrent dans la règle posée par l'art. 703 et on peut dire que l'exercice de la servitude cesse. Si cet état de choses dure trente ans, le droit est éteint *par prescription*. En employant ce mot nous tranchons une question fort débattue, celle de savoir s'il s'agit ici vraiment d'une prescription et si l'art. 704 n'omet pas à dessein le mot de prescription. Quand, pour régler les divers cas de cessation, il nous dit : « Elles revivent (les servitudes) si les choses sont rétablies de manière qu'on puisse en user, à moins qu'il ne se soit déjà écoulé un espace de temps suffisant pour faire présumer l'extinction de la servitude, ainsi qu'il est dit à l'art. 707. » Cette omission, si l'on en croit quelques auteurs dont l'opinion est peu suivie aujourd'hui, aurait une grave portée en ce qu'elle signifierait qu'il s'agit ici d'un délai préfix. On voit l'intérêt de la question. Un délai de prescription peut être interrompu ou suspendu, une déchéance résultant de la seule expiration du temps requis ne serait au contraire susceptible ni d'interruption, ni de suspension. Il ne servirait de rien de faire constater judiciairement l'existence du droit, ou d'obtenir une reconnaissance de ce droit. Peu importerait que le propriétaire du fonds dominant fût mineur ou interdit. Et on comprend ceci, ajoutent les partisans de cette opinion, la survivance de la servitude qui ne peut plus s'exercer, et qui a perdu toute utilité parce que l'état des lieux indispensable à son exercice ne subsiste plus, cette survivance après trente ans serait tout à fait anormale.

C'est aussi quelque chose de dangereux et de contraire à l'ordre public que la propriété soit menacée pour l'avenir et d'une façon indéterminée, à voir renaître en cas de rétablissement ou restauration du fonds servant des charges onéreuses dont d'autres circonstances l'avaient dégrevée. Le crédit du propriétaire en est affecté, les transactions qu'il pourrait faire sont plus difficiles et moins avantageuses, l'incertitude enfin plane sur la valeur future de l'héritage, au grand détriment de sa valeur présente; cet état ne doit pas se prolonger et les rédacteurs du Code l'ont bien compris, puisque, tout en exigeant un laps de trente ans pour l'accomplissement du non usage extintif, ils décidaient que dix ans suffiraient pour empêcher la servitude de revivre, dans les cas de cessation. « Elles revivent, disait le projet de Code, « si dans les dix ans les choses sont rétablies de manière à ce qu'on puisse en user. »

Donc à cette époque ce délai de dix ans n'était pas une prescription, mais un délai préfix. Le délai a été porté à trente ans. Est-ce à dire qu'il ait changé de nature ? cela n'est pas probable. La modification fut faite sur la demande du Tribunal de Grenoble par le motif fort judicieux que, à l'inverse de ce que le bon sens exigeait, la servitude était éteinte par dix ans seulement dans le cas où l'on ne pouvait pas en user tandis qu'elle était éteinte par trente ans dans le cas où l'on n'en usait pas par pure négligence.

Au surplus force est bien d'admettre cette opinion sous peine de rayer du Code les art. 703 et 704 qui ne signifient plus rien du tout, en présence de l'art. 706, s'ils ne signifient pas que la servitude sera éteinte après un délai préfix de trente ans. Qu'on ne dise pas que l'art. 704 renvoyant à l'art. 707 indique par là qu'il se réfère au cas d'une prescription extinctive, car c'est un renvoi implicite à l'art. 706, il renvoie à cet article dans l'unique but d'indiquer que le délai est le même.

Nous repoussons cette opinion. Il ne nous paraît pas que le délai de l'art. 704, soit un délai de déchéance, et que, par conséquent, il ne soit pas soumis à toutes les règles relatives à la suspension et à l'interruption.

Les art. 703 et 704 sont alors inutiles, dit-on. Non, car si le législateur ne s'était pas expliqué spécialement sur le cas où la servitude a cessé par suite d'un évènement de force majeure, on aurait pu croire que la servitude est immédiatement anéantie, ou, à l'inverse, on aurait pu supposer que la prescription serait indéfiniment suspendue. C'était l'avis de Domat que la prescription ne doit pas courir contre celui qui ne peut user de la servitude. Cette thèse a été également soutenue, on a dit : L'on conçoit que la servitude s'éteigne par trente ans de non-usage, en vertu d'une renonciation présumée du propriétaire dominant, mais cette renonciation ne peut plus se présumer dès qu'il ne dépend plus de lui de faire cesser l'obstacle, «...que s'il s'est écoulé un espace de temps nécessaire *pour faire présumer...* dit l'art. 704, ce qui appuie cette opinion. » Il suffira au propriétaire dominant de prouver que s'il n'a pas usé de son droit, c'est qu'un obstacle matériel l'en empêchait. Mais, comme le fait remarquer judicieusement M. Demolombe, « cette présomption d'abandon n'est que la raison doctrinale de la prescription. Il ne faut pas confondre la raison philosophique et l'effet légal. » La prescription par elle seule est un moyen d'extinction ou d'acquisition) des droits, art. 712, 1234, 2219, ou, si l'on veut qu'elle soit une présomption, c'est une présomption *juris et de jure*, qui n'admet pas de preuve contraire.

Il est vrai que la rédaction de l'art. 704 favorise cette confusion, mais précisément, le législateur, dans le même chapitre de notre titre a pris soin de protester contre l'abus que l'on voudrait en faire. Il est très-remarquable en effet que le projet de Code de l'an VIII, tit. VI, portait que la servitude est censée éteinte par le non-usage pendant trente ans ; mais le vice de cette rédaction fut signalé par le Tribunat qui fit remarquer que le non-usage pendant trente ans d'une servitude en opère l'extinction absolue, et que, se contenter de dire qu'elle *est censée* éteinte, serait atténuer l'idée. D'ailleurs cette rigueur est apparente, car rien n'empêche le propriétaire dominant, de demander une reconnaissance du droit qui interrompra la prescription, et au besoin il peut agir en déclaration de servitude.

Si le législateur a employé des mots équivoques, « à moins qu'il ne se soit déjà écoulé un espace de temps suffisant pour faire présumer l'extinction de la servitude » cela peut encore s'expliquer comme une réponse à l'objection de Domat. La prescription ne peut courir, disait celui-ci, car le titulaire ne peut agir. Elle court, a répondu le rédacteur, nous maintenons la présomption de renonciation, car il est inexact de dire qu'il ne peut agir.

Des art. 708, 709 et 710 auxquels l'art. 704 renvoie implicitement en renvoyant à l'art. 707, il résulte du reste qu'il ne s'agit dans notre section que de prescription. Remarquons, en outre, que l'art. 665, qui prévoit un cas de cessation, par suite de l'impossibilité d'user, se sert également du mot de prescription. « Lorsqu'on reconstruit un mur mitoyen ou une maison, les servitudes actives et passives se continuent à l'égard du nouveau mur ou de la nouvelle maison sans toutefois qu'elles puissent être aggravées et pourvu que la reconstruction se fasse avant que la prescription soit acquise. » Donc, il s'agit d'une prescription et non d'un délai préfix. Comment comprendre que l'art. 704 édicte une déchéance en posant le principe, et l'art. 665 une prescription, en faisant l'application de ce même principe.

On ne peut nullement argumenter du projet qui fixait un délai de dix ans, car les partisans du délai préfix supposent gratuitement que c'était-là, dans l'intention des rédacteurs, un délai préfix. Il faudrait le démontrer, puis, cela fait, il faudrait prouver qu'en adoptant le délai de trente ans ils n'ont pas abandonné cette intention.

Quant aux inconvénients signalés de la prescription qui peut se prolonger indéfiniment par suite de la cessation. C'est l'affaire du législateur, et d'ailleurs ne serait-ce pas un inconvénient bien grave que de priver un propriétaire de son droit, alors qu'à raison de son incapacité il ne peut le conserver.

Marcadé avait proposé une distinction qui ne nous semble pas mieux fondée. Il décidait que la prescription était suspendue ou non selon qu'il dépendait ou non du propriétaire dominant de faire cesser l'obstacle. Cette distinction doit être rejetée, car dans les art. 703 et 704 il s'agit d'un obstacle qu'il dépend toujours du propriétaire dominant de faire cesser, bien qu'il provienne d'un évènement de force majeure ou du fait licite d'un tiers, car il peut toujours agir en déclaration de servitude. Il n'y a donc jamais lieu d'appliquer la maxime « contra non valentem agere non currit præscriptio. » Appliquons donc le droit commun, art. 2251. La prescription court contre toute personne à moins qu'elle ne soit dans quelque exception établie par une loi. Y-t-il une exception établie dans le titre des servitudes au profit de celui qui ne peut user de son droit? Nullement, c'est par conséquent le droit commun qui doit être appliqué : De là il résulte que si le propriétaire dominant est mineur ou interdit la prescription sera suspendue à son égard, bien qu'on fasse remarquer que la suspension n'est pas justifiée puisqu'il s'agit d'un obstacle absolu, qui résulte de la nature des choses et qui est le même pour tous (l'impossibilité d'user).

A cette dernière objection on peut répondre d'abord, comme nous l'avons vu, que cet obstacle n'est pas absolu puisqu'on peut agir en déclaration de servitude.

En second lieu, la loi qui ne veut pas que la prescription coure contre les mineurs, alors même que l'exercice du droit est possible, a pu vouloir *a fortiori* les en préserver, quand cet exercice ne peut avoir lieu.

Une autre difficulté se présente à propos de la cessation de la servitude pour impossibilité d'user. Supposons une maison qui jouit d'une servitude de vue. Elle est détruite et trente ans se passent avant la reconstruction. La servitude sera-t-elle éteinte? Non, si l'on tient compte de l'art. 707, car il exige un acte contraire en matière de servitudes continues. Or il s'agit d'une servitude continue. Nous arrivons à cette conséquence que la prescription extinctive d'une servitude est impossible dans la plupart des cas des art. 703 et 704 ; la prescription ne peut s'accomplir faute d'un acte contraire qui en fixe le point de départ. Cette conséquence est inadmissible bien que le renvoi de l'art. 704 à l'article 707 y conduise rigoureusement.

Il y a cependant une explication de ce renvoi. Il se peut, dit-on, que le non usage de la servitude ait commencé avant l'évènement de force majeure qui en a rendu l'exercice impossible et dans ce cas il résulte du renvoi de l'art. 704 à l'art. 707 que le point de départ de la prescription serait réglé à compter du jour où le non usage aurait commencé, c'est-à-dire, eu égard à la distinction que fait l'article 707 entre les servitudes discontinues et les servitudes continues. Mais cette explication attribue au renvoi une portée évidemment trop restreinte. Peut-être pourrait-on dire que le législateur s'est trompé et s'est référé à l'art. 707 tout en voulant renvoyer à l'art. 706. Mais nous le répétons, si on applique strictement les art. 704 et 707 combinés, on arrive à ce résultat de permettre la prescription extinctive des servitudes discontinues dans tous les cas, et dans aucun cas celle des servitudes continues, quoiqu'il n'y ait aucune raison de différence. Est-ce que la destruction du fonds n'est pas bien plus que l'acte contraire. Prenons garde en outre que c'est là précisément l'hypothèse de l'art. 665 qui pourtant n'exige pas d'acte contraire. Nous devons donc admettre à peine de relever une contradiction dans la solution de deux questions identiques que la loi n'a pas entendu exiger l'acte contraire comme point de départ de la prescription.

Dernière question. Le Code a-t-il entendu maintenir la maxime *signum retinet signatum*? non, car nulle part elle n'est écrite. Le Code la rejette même implicitement, car en décidant que le point de départ de la prescription, pour le cas de non usage, est le dernier acte d'exercice, il ne s'occupe pas de savoir s'il reste on non des vestiges de la servitude (et il en restera presque toujours) ce qui nous montre bien qu'il n'attache d'importance qu'au fait du non usage. Par exemple dans une servitude de passage, malgré l'existence d'une porte, le non usage commencera du jour où le titulaire aura cessé de passer, et la prescription se complétera quoique la porte existe encore après les trente ans. En d'autres termes, dans l'espèce, la servitude n'a pas été possédée, donc elle a été prescrite. Faire conserver une servitude par quelques vestiges ce serait établir une possession purement fictive. Nous ne trouvons pas cette fiction dans le Code, et cette fiction est d'autant moins admissible dans le cas de cessation de la servitude, que, par la force même des choses, ces vestiges que la fiction réputait posséder la servitude pour le compte du propriétaire dominant ne le pourraient, puisqu'il y a impossibilité d'user.

Passons au second cas de prescription extinctive, le non usage, à la différence de la cessation provient de la négligence du propriétaire dominant ou, ce qui revient au même, puisqu'il dépend de lui de le faire cesser, du fait illicite d'un tiers. On comprend qu'en pareille circonstance la loi présume l'abandon du droit, ou, si l'on veut, punisse le propriétaire négligent en déclarant la servitude éteinte. Telle est la disposition de l'art. 706. Rien de plus rationnel. La servitude a été stipulée pour l'utilité du fonds, on peut croire au bout de trente ans qu'elle ne remplit pas son but, et cette dérogation à la liberté naturelle des héritages n'étant plus justifiée, la loi proclame le retour du fonds à la liberté.

Nous retrouvons ici la distinction des servitudes en continues et discontinues, mais elle n'a plus la même importance que pour l'acquisition des servitudes permise seulement à l'égard des servitudes continues (et apparentes); l'extinction par non usage s'applique à toutes les servitudes. Le seul intérêt de la distinction consiste dans la fixation du point de départ qui est d'après l'art. 907, et comme en droit romain, le jour où l'on a cessé de jouir pour les servitudes discontinues, l'acte contraire pour les servitudes continues, parce que, jusque là, la servitude s'exerce par elle-même, et l'on ne peut pas dire qu'il y ait non usage. Tandis que dans les premières la seule abstention de ce fait actuel qui en caractérise l'exercice rend sa liberté au fonds servant. La prescription en somme résulte dans les deux catégories du non usage qui n'est réalisé à l'égard des servitudes discontinues qu'après une modification de l'état des lieux, sans qu'il y ait toutefois pour ces dernières une *usucapio libertatis*. La preuve en est que le fonds assujetti peut n'être possédé par personne, la servitude ne s'en éteindra pas moins par le non usage.

Cet acte contraire ne sera pas nécessaire lorsque la servitude constituée n'aura jamais été exercée, parce que la condition du non usage que l'acte contraire a pour but de réaliser se trouve pleinement remplie dès le principe.

Par cet acte contraire il faut entendre un acte matériel qui change l'état des lieux. Une signification par huissier, dans laquelle le propriétaire du fonds servant protesterait contre l'existence de la servitude, n'aurait pas ce caractère car elle n'en empêcherait pas l'exercice. Cet acte doit donc être matériel, permanent et apparent, il ne doit pas être le résultat de la tolérance. Enfin il doit conférer au fonds servant sa liberté complète et non précaire.

Peu importe que les travaux soient exécutés sur le fonds dominant ou sur le fonds servant, peu importe également qu'ils soient l'œuvre du propriétaire servant ou l'œuvre du propriétaire dominant. On a cependant soutenu qu'ils ne pouvaient émaner que du propriétaire servant parce que, autrement, ils ne seraient pas contradictoires du droit de servitude. Mais cette assertion n'est pas exacte. De quelque personne qu'il émane, l'acte contraire sera propre à fonder le non usage et par suite la prescription, puisqu'il rend impossible l'exercice de la servitude. Il ne s'agit plus dans notre droit *d'usucapio libertatis.* Le non usage suffit Aussi ne trouve-t-on aucune trace de cette distinction dans l'art. 707.

Dans la pratique une question intéressante s'est présentée à l'occasion de l'acte contraire, on s'est demandé si, dans une servitude de prise d'eau, le fait de ne pas lever la vanne pendant trente ans réalisait l'acte contraire : Il faut répondre négativement car cette abstention n'empêche aucunement la servitude de rester continue, art. 688 et, comme telle, imprescriptible, car elle s'exerce d'elle-même sans le fait actuel de l'homme ; lever la vanne n'est qu'une intervention accidentelle de l'homme, indifférente à l'exercice de la servitude. Dès lors peu importe que ce fait apparaisse ou non. Cette solution, si subtile qu'elle paraisse, est commandée par les textes.

Aux termes de l'art. 706 le non usage doit

durer trente ans, ce qui exclut le principe du droit romain qui, pour certaines servitudes, celles qui s'exercent « alternis annis, vel mensibus, alternis » diebus aut die toto, aut tantum nocte. l. 7. D. 8. 6 augmentait le délai de la prescription. Notre législation est plus uniforme et jamais la prescription ne peut dépasser le délai de trente ans.

Mais les servitudes prennent-elles également fin par la prescription acquisive de dix à vingt ans au profit du tiers qui a acquis l'immeuble servant de bonne foi et avec juste titre, soit *à domino* soit *à non domino*?

Cette question a été et est encore très-débattue. La jurisprudence presque unanime et des auteurs d'une haute autorité soutiennent la négative et il faut reconnaître que cette opinion semble bien en harmonie avec le système de la loi. L'art. 2264 qui, à propos de l'acquisition des servitudes nous a fait rejeter la prescription par dix ou vingt ans, doit, dit-on, nous obliger ici à ne tenir compte que de la prescription de trente ans, puisque la prescription a été réglée spécialement. Laissons de côté le droit commun, l'appliquer ce serait violer l'art. 2264. Pour l'acquisition, comme pour l'extinction des servitudes, la loi exige la prescription trentenaire. Voilà un système complet et la loi elle-même nous défend d'y faire brèche.

On a fait à cette opinion l'objection suivante. L'usufruit immobilier peut s'éteindre par dix ou vingt ans au profit du tiers acquéreur qui a juste titre et bonne foi, malgré les termes également absolus de l'art 617. Pourquoi ne pas décider de même dans notre hypothèse ? c'est que, répond la négative, il n'y a pas analogie parfaite entre les deux hypothèses ? L'usufruitier est privé d'un droit si important qu'au bout de dix ou vingt ans on peut justement le punir de sa négligence en le privant de son droit. Mais au contraire, le propriétaire d'un héritage auquel une servitude est due, peut, à rai- de telle ou telle circonstance n'avoir pas intérêt pendant un certain temps à exercer cette servitude.

De plus, l'usufruit immobilier peut s'acquérir par dix ou vingt ans, il est donc naturel qu'il puisse s'éteindre par le même laps de temps, au moyen d'une prescription que l'on peut considérer comme acquisitive au profit du nu-propriétaire. Et si l'on peut dire que le nu-propriétaire qui possède l'immeuble comme franc de toute servitude passive, exerce en réalité la jouissance qui appartient à l'usufruitier, on ne peut pas dire que le propriétaire du fonds servant, en jouissant de la liberté de son héritage, exerce la servitude du fonds dominant.

« Dans ses rapports avec le fonds dominant, dit M. Demolombe, le tiers possesseur ne peut évidemment invoquer qu'une prescription extinctive et libératoire. Que peut-il en effet avoir acquis? Peut-il dire au maître du fonds dominant, comme il dirait à un usufruitier : le droit, le même droit que vous aviez, c'est moi qui l'ai désormais. Eh non sans doute ! Car il n'a pu acquérir apparamment pour son propre fonds la servitude dont son fonds était grevé! Qu'est-ce donc, encore une fois, qu'il peut seulement prétendre? C'est qu'il s'est libéré de la charge dont le fonds par lui acquis était grevé, car la servitude n'est pas autre chose qu'une charge, art. 637, c'est qu'il a prescrit comme le disent les partisans mêmes de la doctrine que nous combattons, tant la force du principe est grande! C'est qu'il a prescrit l'*affranchissement* de son immeuble, c'est en un mot qu'il invoque uniquement une prescription extinctive résultant du non-usage et qu'il se trouve ainsi placé en dehors de l'art. 2265, et tout au contraire dans la pleine application de l'art. 806 « quand on prétend que le propriétaire assujetti possède la liberté de son fonds, c'est un abus de langage, dit Bélime, cette liberté-là n'est qu'une pure négation de la servitude, et voilà tout. »

D'un autre côté il n'y a aucune raison de distinguer entre celui qui a constitué la servitude et le tiers-acquéreur de bonne foi. Ce qui doit la servitude c'est le fonds même, la personne du propriétaire est indifférente, *res, non persona, debet.* La servitude suit le fonds, c'est une charge purement réelle, la même pour tous les propriétaires du fonds, pourquoi distinguer entre les uns et les autres en ce qui concerne la prescription résultant du non-usage.

L'objection fondée sur l'art. 2180 qui permet l'extinction des priviléges et hypothèques au profit du tiers détenteur par dix ou vingt ans est réfutée par la négative de la manière suivante. Il y a un texte, dit ce système, et d'après l'art. 2180 lui-même la prescription ne court au profit du tiers-acquéreur contre les créanciers hypothécaires que du jour où son titre a été transcrit sur les registres du conservateur. Il n'y a aucun texte pareil en matière de servitudes, donc le législateur n'a pas entendu les assimiler sur ce point car, s'il en était ainsi, il aurait certainement voulu que le propriétaire du fonds dominant fût au moins averti de la mutation de propriété qui s'était opérée dans le fonds servant.

Il en sera averti, répond l'affirmative, par les rapports journaliers, ou, du moins, fréquents que l'exercice de la servitude établit entre les propriétaires des deux fonds. Mais l'objection conserve sa force dans le cas de servitudes négatives. Ces servitudes sont continues, il faut un acte contraire pour que la prescription acquisitive aussi bien que la prescription extinctive commence. Jusque là le propriétaire dominant continue à jouir de la servitude. Mais si vous exigez l'acte contraire vous ne pouvez scinder les dispositions des art. 706 et 707, emprunter celles de l'art. 707 et rejeter celle de l'art. 706 qui est intimement lié à l'autre article.

Réponse péremptoire. C'est un principe de droit commun que l'affirmative applique (et non l'article 707) car la prescription de dix ou vingt ans suppose la possession qui ne commence pas s'il n'a pas été fait d'acte contraire.

Malgré ces raisons, il nous semble que le système contraire doit être préféré.

A cette considération séduisante, il faut l'avouer, qui attribuerait à la loi un système complet fondé uniquement sur la prescription trentenaire, nous objecterons que l'art. 706 n'exclut nullement l'art. 2265. Reconnaissons tout d'abord que la loi s'est toujours montrée plus favorable à l'extinction des servitudes qu'à leur acquisition. Ce sera un grand point d'acquis au débat, et l'on ne s'étonnera plus de l'admission dans notre section d'un délai plus court que celui de l'art. 691. Cette induction est très-légitime si l'on songe que certaines servitudes seulement peuvent être acquises par la prescription, tandis que, sous la seule condition du non usage, toutes peuvent être éteintes par la même voie, et de plus l'art. 691 qui repousse formellement tout délai moindre de trente ans est conçu dans une forme exclusive que nous ne retrouvons plus à l'art. 706.

Pourquoi dès lors ne pas admettre que l'art. 2264, quand il renvoie à l'art. 706 se réfère uniquement au cas où la prescription extinctive résulte du simple non usage. La Coutume de Paris n'admettait-elle pas la prescription de dix ou vingt ans, art. 114, à côté de la prescription trentenaire, art. 186. Les rédacteurs du code ont beaucoup emprunté aux dispositions de la Coutume de Paris sur les servitudes. Quand ils ont voulu s'éloigner d'une règle importante de cette coutume, ils l'ont fait par une disposition formelle. Leur silence implique donc l'adoption de la prescription de dix ou vingt ans.

S'ils n'ont pas consacré un article spécial à cette prescription, c'est que l'art. 2265 leur a paru suffisant. N'admet-on pas en effet par ce motif l'extinction de l'usufruit par dix ou vingt ans malgré le silence de l'art. 617 à cet égard.

Il est tout simple de dire que l'art. 2265 du Code répond à l'art. 186 de la Coutume de Paris, et l'art. 706 à l'art. 114 de la même Coutume. Sur cet article Pothier a écrit un commentaire des plus lucides qui vient appuyer notre raisonnement. « La prescription dit-il, dont il est parlé dans l'art. 186, est la prescription à l'effet de se libérer qui résulte uniquement du non usage de la servitude et qui fait acquérir la libération, même à ceux qui les auraient constituées ou à leurs héritiers. Ce n'est que de cette espèce de prescription qu'il est parlé en l'art. 186, qui n'a rien de commun avec la prescription de l'art. 114 qui résulte de la possession qu'un acquéreur de bonne foi a eue d'un héritage qu'il a possédé comme franc des droits de servitude dont il était chargé. Ainsi la prescription trentenaire de l'art. 706 n'a rien de commun avec l'usucapion de l'art. 2265, donc elle ne peut l'exclure.

La combinaison des art. 2264 avec les art. 690 et 706 ne nous arrête pas, car encore une fois, le premier de ces articles en renvoyant pour chaque matière spéciale aux dispositions contenues dans les titres qui leur sont propres, suppose que ces titres particuliers renferment des règles particulières. Or dans notre section nous voyons bien une règle sur la prescription libératoire, nous n'en voyons pas sur la prescription acquisitive. L'art. 706 ne règle donc pas d'une manière complète l'extinction des servitudes par la prescription, puisque, comme le fait remarquer M. Glasson, (revue pratique année 1872-1873) la prescription des servitudes peut se présenter dans quatre hypothèses.

Celle d'un propriétaire voisin qui acquiert une servitude au profit de son fonds.

Celle d'un propriétaire dont le fonds est grevé d'une servitude et qui a connaissance de cette servitude dont n'use pas le propriétaire du fonds dominant.

Celle d'un tiers de bonne foi qui acquiert du véritable propriétaire l'immeuble grevé, mais sans que celui-ci l'avertisse de l'existence de tels services fonciers.

Celle d'un acquéreur *a non domino* qui, ayant juste titre et bonne foi, prescrit en même temps et la propriété et les charges réelles qui pèsent sur elle. De ces quatre hypothèses, les articles de notre Code en prévoient deux, la première, art. 690, la seconde, art. 706. Les deux autres sont omises, il ne faut donc pas soutenir que dans notre titre, le législateur a réglé d'une manière complète la prescription des servitudes.

De plus, il est contradictoire d'admettre la prescription acquisitive de dix ou vingt ans en présence de l'art. 617 et de la prohiber en présence de l'art. 706, qui est rédigé dans les mêmes termes, et cette analogie que l'on conteste existe véritablement entre la prescription de l'usufruit immobilier et la prescription des servitudes réelles. Par cela même que le tiers-acquéreur possède la franchise de son héritage, il possède les servitudes réelles dont cet immeuble est grevé aussi bien que le droit d'usufruit. C'est une pure subtilité de soutenir le contraire et d'affirmer que si l'usufruit se prête à une prescription acquisitive il n'en peut être de même des servitudes réelles. Et pourquoi non? Celui qui possède un immeuble comme libre de tous droits réels ne jouit-il pas de toutes les utilités du domaine, ne possède-t-il pas tous les les démembrements de la propriété, qu'on les appelle usufruit ou servitudes prédiales. Y a-t-il une raison plausible de différence puisqu'il s'agit de droits de même nature, et peut-on dire que je ne possède pas la servitude prédiale qui appartient au fonds dominant, et que je ne prescris par conséquent rien contre lui, du moment que je possède mon fonds aussi pleinement qu'il est possible et à l'exclusion du propriétaire dominant lui-même!

Si on nous objecte qu'une réponse théorique ne suffit pas et qu'il faut des textes, nous répondons par l'art. 2180 qui consacre l'extinction des hypothèques par la prescription de dix ou vingt ans. Or ici nous voyons fonctionner une prescription acquisitive à l'occasion d'un droit qui ne peut être possédé, car on ne peut dire que le tiers détenteur possède le droit du créancier hypothécaire, et néanmoins la loi admet que sa possession du fonds éteint l'hypothèque. Il est impossible, dans ce cas, de prétendre que la possession de dix ou vingt ans est extinctive puisqu'elle exige toutes les conditions de la prescription acquisitive et surtout la possession. Mais, insiste-t-on, l'art. 2180 se trouve au titre des hypothèques, aucune disposition semblable au titre des servitudes. Mais quand les raisons sont les mêmes, et que la loi n'est pas formellement contraire, on doit admettre la décision qu'elle porte dans un cas semblable. Car « ubi » eadem ratio, ibi idem jus esse debet. » De ce que la prescription ne court contre les créanciers hypothécaires qu'à partir du jour où le titre est transcrit, il ne suit pas qu'une transcription soit utile dans notre matière, puisque son objet est d'avertir les créanciers hypothécaires et qu'ici le tiers intéressé, c'est-à-dire le propriétaire dominant, sans cesse en relations avec le fonds servant, connaissant tous les événements qui le touchent n'a aucun intérêt à la transcription, qui, si elle était exigée, serait inutile et coûteuse. Le contraire ne peut arriver que dans des hypothèses fort rares, et le plus souvent même l'ignorance du propriétaire dominant pourrait lui être imputée à faute.

Enfin, il y a une sérieuse raison de distinguer entre le propriétaire qui a constitué la servitude et le tiers acquéreur de bonne foi, bien que l'article 706 ne mentionne pas cette distinction, ce qui s'explique tout naturellement parce que cet article ne règle que la première hypothèse. Cette raison, c'est la bonne foi qui rend le tiers plus favorable aux yeux de la loi, et peu importe que la servitude soit due par le fonds lui-même et par le fonds seul. Il ne s'en suit pas qu'on doive traiter de la même manière le propriétaire constituant et le tiers acquéreur, ce qui le prouve, c'est que le propriétaire qui a constitué l'usufruit ne peut le prescrire que par trente ans, tandis que le tiers acquéreur de bonne foi du fonds grevé d'un usufruit peut acquérir sa libération par dix ou vingt ans, et cependant l'usufruit est aussi une charge réelle qui suit le fonds dans quelques mains qu'il passe.

Marcadé, ici encore, a proposé une distinction, n'admettant que la prescription de trente ans dans le cas où le tiers-acquéreur tient le fonds *a domino*, et admettant la prescription de dix ou vingt ans s'il le tient *a non domino*. Ce système, arbitraire d'ailleurs favorise l'acquéreur *a non domino* et traite rigoureusement l'acquéreur *a domino*. Dans les deux cas il s'agit d'une prescription acquisitive, l'article 2180 ne distingue pas et les résout de la même manière, autorisant la prescription par dix ou vingt ans que l'immeuble ait été acquis ou non *a domino*.

En résumé nous pensons que la possession de la propriété connue libre fait acquérir cette propriété pleine et entière, franche de charges réelles « tantum præscriptum quantum possessum. »

Les conditions de cette prescription de dix ou vingt ans seront évidemment les mêmes que celles de l'art. 2265, le juste titre résultant, soit de la déclaration que l'immeuble est libre de cette servitude, soit du silence même que garde le titre d'acquisition sur l'existence de la servitude. La bonne foi consiste à croire que l'immeuble n'est pas grevé de la servitude. Enfin le possesseur doit remplir les conditions ordinaires.

Le point de départ dans la prescription extinctive en matière de servitudes discontinues est le dernier fait de jouissance. Comment faut-il entendre cette règle dans les servitudes qui sont soumises pour leur exercice à des intervalles forcés, par exemple, on jouit d'une servitude de passage pour faire des coupes de bois, mais on ne peut l'exercer que tous les dix ans, quand l'époque de la coupe est arrivée. On a soutenu que ce point de départ se plaçait au dernier acte de jouissance effective. Ce sont bien les termes rigoureux de l'art. 707. La prescription, dit cet article, court du jour où l'on a cessé de jouir. Mais il faut le placer au jour où un nouvel acte de jouissance pouvant avoir lieu, la négligence du propriétaire dominant a véritablement commencé. La prescription est fondée sur une idée d'abandon ou de faute, or jusque là ni l'une ni l'autre de ces idées n'apparait. La Cour de Caen a bien dit que le propriétaire du fonds dominant peut interrompre la prescription en obtenant un titre récognitif, mais qui ne voit que c'est lui imposer une obligation qui n'est écrite nulle part. Peut-on dire que je renonce à mon droit en ne l'exerçant pas, quand je ne peux pas l'exercer. Vainement dira-t-on que j'ai cessé de jouir à partir de la dernière coupe, je ne pouvais pas jouir, je n'en avais pas le droit, ce droit de jouissance ne peut s'exercer que lors de la nouvelle coupe, et ce qui prouve qu'on reconnait la possession pendant cette période, c'est qu'en cas de trouble la concession de l'action possessoire n'a jamais fait difficulté. S'il possède, il n'y a donc pas non usage.

Les servitudes sont indivisibles en ce sens qu'elles ne peuvent s'acquérir ni se perdre pour partie. Ce caractère explique la disposition de l'art. 709 qui est ainsi conçu. Si l'héritage en faveur duquel la servitude est établie appartient à plusieurs par indivis, la jouissance de l'un empêche la prescription à l'é-l'égard de tous. Si l'émolument de la servitude est divisible, il semble bien que le principe devrait fléchir puisqu'il ne s'applique apparemment qu'aux servitudes indivisibles et dans leur nature et dans leur mode. La loi, il est vrai, est muette. Peut-être faut-il suppléer cette distinction, et décider, dans le cas, par exemple où plusieurs copropriétaires indivis avaient le droit de prendre tant de marne ou d'eau, que la servitude serait restreinte et conservée seulement au profit de celui qui pendant le temps requis en aurait seul usé pour une part proportionnelle à la fraction indivise de son droit. Il est par trop contradictoire d'appliquer à des servitudes une règle faite pour les servitudes indivisibles.

Quand l'indivision cesse il y a désormais autant de servitudes que de parties divisées. Chacune de ces servitudes se conservera ou s'éteindra d'après le droit commun.

L'art. 710 applique également le principe de l'indivisibilité des servitudes. « Si parmi les copropriétaires il s'en trouve un contre lequel la prescription n'ait pu courir, comme un mineur, il aura conservé le droit de tous les autres. » Bien que cette disposition semble rigoureuse comme celle de l'article 709, il est facile de la justifier. M. Demante remarque que l'incapable conserve son droit et le droit tout entier, dès lors le propriétaire du fonds servant n'a pas intérêt à empêcher les autres de l'exercer, le nombre des personnes qui usent d'une servitude n'étant pas considéré comme une aggravation de charge.

La jurisprudence, (Cass. 2. déc. 1845-3 août 1853) élude l'art. 710 en appliquant hors de propos le principe du partage déclaratif. Supposons qu'une fois le partage fait le fonds dominant tombe au lot d'un des cohéritiers majeurs. Peut-il se prévaloir de la suspension de prescription pendant les cinq années qu'a par exemple, duré l'indivision. Il aurait grand intérêt à cela si la servitude n'avait pas été exercée depuis trente et un ans. En considérant qu'il a toujours été propriétaire, dès l'instant de l'ouverture de la succession, la servitude sera éteinte sinon il n'y aura eu, grâce au secours de l'art. 720, que vingt-six ans de non usage, et le droit ne sera pas encore éteint.

Les Cours d'Amiens et de Nancy avaient jugé

dans ce dernier sens, mais leur arrêt a été cassé comme violant l'art. 883. Cependant, lorsque le législateur déclare que la qualité de mineur chez l'un des cohéritiers suspend la prescription à l'égard de tous, il devait bien s'attendre à ce que l'indivision prît fin puisqu'il n'y a pas d'indivision perpétuelle. Il statue donc définitivement et non pas seulement pour le temps d'indivision. Dans la doctrine de la Cour de cassation au contraire la prescription n'est empêchée en réalité qu'à l'égard du cohéritier mineur et pour le cas ou l'immeuble tomberait dans son lot, ou, si l'on veut, elle est empêchée à l'égard de tous, mais tant que dure l'indivision.

Cela s'appelle-t-il conserver un droit ! qui dit conserver dit conserver pour toujours ; un droit anéanti par le partage n'est pas un droit conservé.

L'arrêt du 29 août 1863 prétend expliquer l'article 710 en disant qu'il se réfère au cas (improbable) d'une copropriété permanente et définitive, tel que la copropriété d'un canal qui profite à plusieurs usines. Mais cette distinction n'est pas dans la loi et il est absolument invraisemblable que l'art. 710 ait songé à un cas qui ne se présente pour ainsi dire jamais.

Ce n'était pas le lieu d'appliquer l'art. 883 qui pose une fiction. En réalité le partage est translatif il est réputé déclaratif pour éviter les recours entre cohéritiers.

Remarquez que toute fiction est de droit étroit et que l'on ne doit pas la transporter du cas que le législateur a eu en vue à une situation toute différente, d'autant moins que l'art. 883 va ici directement contre son but puisque l'héritier évincé de la servitude aurait un recours en garantie.

Limitons donc l'art, 883 à son objet. Cet article ne doit pas effacer la copropriété et la possession commune qui ont existé pendant l'indivision. L'action en garantie art. 884 et le privilège art. 2103 en témoignent d'ailleurs. On peut très bien concilier les deux principes en faisant la part de chacun.

Le système de la doctrine échappe à une inconséquence que ne peut éviter celui de la Cour de cassation, car si une servitude peut être conservée par un fermier, un ouvrier, *a fortiori* doit-elle l'être par un copropriétaire mineur.

Ce système est en outre opposé à l'art. 709 qui est également une application du principe d'indivisibilité, et tout le monde reconnait que dans le cas de l'art. 709 la jouissance de l'un des copropriétaires conserve la servitude pour tous, même quand le fonds tombe au lot d'un copropriétaire qui n'en a pas usé. Interruption ou suspension peu importe, l'esprit de la loi est évident.

L'arrêt de 1845 tend même à effacer la disposition de l'art. 709 puisqu'il déclare, qu'après le partage, *il n'est pas permis d'invoquer la possession commune* et que celui au lot duquel l'immeuble est échu en a la propriété aussi pleine, que si cet immeuble *n'avait jamais été l'objet d'une possession commune avant le partage.*

Si ce système était admissible, autant vaudrait retrancher du Code les art. 709 et 710 si formels pourtant et si clairs.

Prescription du mode de la servitude. — Le mode de la servitude peut se prescrire comme la servitude même et de la même manière. » art. 708.

Ce principe n'était pas admis en droit romain. L. 8, § 1, et L. 9. D. 8. 6. L'usage pratiqué d'une manière quelconque conservait la servitude entière. De même dans l'ancien droit. « Celui qui use de la servitude en quelque partie la conserve et la retient tout entière. » Lalaure. Cependant Domat écrivait ! « les servitudes se perdent par la prescription, ou elles sont réduites à ce qui en est conservé par la possession pendant le temps suffisant pour prescrire. » Cette opinion Domat l'appuyait sur la traduction érronée de deux lois romaines, L. 10, § 1, D. 8. 6. — L. 17, pr. *de aqua et aquæ plud arcenda.* Ainsi un principe nouveau s'est introduit dans notre droit par suite d'une fausse interprétation de ces lois. Toutefois ce principe est rationnel, car, si le non usage total de la servitude peut l'éteindre tout entière, il faut décider que le non usage partiel peut aussi l'éteindre en partie, ou plus exactement la restreindre, d'autant plus que la libération des fonds est toujours favorable.

Plusieurs hypothèses sont possibles.

1° Le propriétaire dominant a joui d'une servitude plus étendue que celle à laquelle il avait droit, il a passé à cheval pendant trente ans, son titre ne lui donnant que le droit de passer à pied, le droit de passer à cheval n'est pas acquis, car le mode *se prescrit comme la servitude*, qui dans l'espèce est discontinue et ne se prescrit pas. Mais, comme le moins est dans le plus, le droit de passer à pied sera conservé.

2° Il a joui d'une manière différente de celle à laquelle il avait droit. Ainsi il a exercé une servitude de passage accessoire d'une servitude de puisage. Cette dernière est éteinte par non usage et l'autre par voie de conséquence, et si l'on considère la servitude de passage comme principale, elle n'a pu être acquise puisqu'elle est discontinue.

3° Usage moins étendu. — C'est particulièrement l'hypothèse de l'art. 708. La servitude est restreinte, qu'elle soit continue ou discontinue. Ainsi, au lieu d'ouvrir quatre fenêtres le propriétaire dominant n'en ouvre que deux. C'est à partir de l'ouverture de la dernière, pourvu qu'elle ait eu lieu dans les trente ans, que courra la prescription du mode de la servitude, et après trente ans à compter de cette ouverture, il aura le droit d'ouvrir les deux dernières.

Même solution dans le cas de servitude discontinue. J'ai le droit de passer à cheval et je passe à pied pendant trente ans, je n'aurai plus désormais que le droit de passer à pied. « Quelques auteurs distinguent et maintiennent cette solution pour le cas où le chemin est devenu trop étroit, mais si l'exercice partiel de la servitude résulte de la convenance du propriétaire dominant, ils considèrent cet exercice comme intégral et ne restreignent nullement le mode de la servitude. En effet, par cela même que l'usage de la servitude est limité seulement par les besoins ou la volonté du propriétaire dominant, on peut dire qu'il use de toute la servitude. Il serait absurde de lui refuser une certaine liberté d'action, ce qui arriverait si on l'obligeait à user strictement du mode indiqué sous peine de perdre partiellement son droit.

Le mode peut également se prescrire par rapport à l'endroit sur lequel on a le droit d'exercer la servitude. J'ai le droit de passer à droite, je passe à gauche, rigoureusement le droit de passer à droite est éteint, celui de passer à gauche n'est pas acquis. Mais on décide selon que l'assignation de l'endroit par lequel la servitude devait s'exercer est limitatite ou démonstrative. Dans le premier cas on admet que la servitude est conservée, mais le propriétaire servant qui peut renoncer à la prescription du mode primitif peut ramener la servitude à ce mode, ou maintenir l'assignation nouvelle, ou en provoquer une nouvelle; la première étant éteinte et la deuxième non établie, puisqu'il s'agit d'un mode discontinu.

On pourrait sans doute taxer ces différentes distinctions d'arbitraires ; mais elles sont très-équitables et peuvent se justifier. « Il est bien vrai, reconnaît la Cour de cassation, que la servitude de passage ne pouvant s'acquérir que par titre, le mode d'exercice de la servitude doit toujours être en conformité avec le titre qui la constitue. » Ce principe de l'art. 708 s'applique au cas où le titre mentionne taxativement le point de l'héritage servant par lequel doit se pratiquer le passage. La servitude limitée et circonscrite dans son mode d'action peut s'éteindre par le non usage pendant trente ans, sans que l'usage trentenaire fasse conquérir le passage par un autre point de l'héritage assujetti, puisque ce passage nouveau ne serait plus conforme au titre. Mais, dit la Cour, la situation change lorsque le titre concède la servitude dans des termes généraux qui n'impliquent pas son exercice sur une partie spéciale du fonds servant. Dans ce dernier cas, le titre est obéi, que l'assiette de la servitude change ou non. (Arret du 6. déc. 1864.) Reste à savoir quand la mention est taxative et quand elle ne l'est pas, question de fait.

POSITIONS

—

DROIT ROMAIN

I. — La quasi-possession des servitudes fut admise dès l'origine du droit romain p. 10.

II. — Le délai de la *longa possessio* des servitudes était abandonné à l'appréciation du juge, avant Justinien p. 20.

III. — La *scientia domini* n'était pas une condition de la prescription acquisitive des servitudes p. 22.

IV. — Il n'y a pas antinomie entre la loi 10, § 1; D. 41. 3, et la loi 10, D. 8, 5.

V. — La *justa causa* n'était pas exigée dans la prescription acquisitive p. 23.

VI. — La prescription de trente ans ne s'appliquait pas à l'établissement des servitudes p. 30.

VII. — Si de deux servitudes dont l'une était renfermée dans l'autre, l'une seulement était exercée, il pouvait se faire, malgré le principe de l'indivisibilité, que l'autre, ou même que les deux servitudes fussent éteintes p. 49.

VIII. — Il y a lieu à l'*accessio temporis* en matière d'*usucapio libertatis*, aussi bien qu'en matière de *non usus*; *nec obstat lex* 32 §. 1. D. 8. 2 p. 57.

IX. — La réforme de Justinien relative à l'extinction des servitudes par le non usage n'a trait qu'aux délais p. 62.

DROIT FRANÇAIS

I. — La distinction des servitudes en continues et discontinues était inconnue en droit romain. Elle nous vient de l'ancien droit p. 83.

II. — Les servitudes discontinues apparentes ou non apparentes, ne peuvent s'acquérir par prescription, lors même qu'il y a contradiction opposée au propriétaire du fonds servant, ou titre coloré, lors même que le titre coloré lui est signifié p. 95.

III. — La reconnaissance faite par le possesseur

du caractère précaire de la servitude qu'il exerce n'en empêche pas la prescription p. 102.

IV. — Les servitudes discontinues sont susceptibles d'une possession continue p. 89.

V. — Ce n'est pas acquérir une servitude discontinue par la prescription que de la conserver sur un héritage dont un tiers n'a acquis contre nous la propriété par prescription que sous cette charge.

VI. — Une servitude, quoique continue et apparente peut être imprescriptible p. 114.

VII. — Une commune peut être titulaire d'une servitude sur l'héritage d'un particulier, mais la possession, pendant plus de trente ans, d'un sentier par les habitants d'une commune sur l'héritage d'un particulier, ne peut lui faire acquérir la servitude de passage p. 105.

VIII. — L'acquisition de la servitude *projiciendi, protegendive* emporte dans une certaine mesure l'acquisition de la servitude *altius non tollendi*, quoique celle-ci soit non apparente p. 107.

IX. — La maxime « signum retinet signatum, » n'a pas été maintenue par le Code p. 127.

X. — Un acte contraire n'est pas nécessaire pour faire courir la prescription extinctive dans le cas d'impossibilité d'user d'une servitude continue p. 126.

XI. — Le délai dont il est parlé dans l'art. 704, constitue une véritable prescription p. 119.

XII. — Les servitudes peuvent s'éteindre par suite d'une *usucapio libertatis* de dix ou de vingt ans, *nec obstat* art. 2264 p. 131.

XIII. — La preuve de l'extinction d'une servitude par non usage est à la charge de celui qui l'invoque, sans distinguer s'il est ou non possesseur

XIV. — Les art. 710 et 883 sont conciliables p. 143.

XV. — Le mode de la servitude ne se prescrit pas toujours de la même manière que la servitude p. 117.

DROIT CRIMINEL

I. — Dans le cas où un condamné est inculpé sur d'autres crimes que ceux qui ont motivé sa condamnation, la poursuite à raison des nouveaux crimes est toujours possible, sans qu'il y ait lieu de distinguer si les nouveaux crimes ont été découverts avant ou après la condamnation, et s'ils emportent une peine plus ou moins grave que celle déterminée par la première condamnation.

II. — Le principe de la non rétroactivité n'est pas applicable aux lois de prescription en matière pénale.

DROIT DES GENS

I. — Une nation ne peut acquérir de droit exclusif sur la mer que par des traités et nullement par prescription.

II. — L'étranger défendeur ne peut ni exiger ni être obligé de fournir la caution *judicatum solvi*.

Vu par le président de la thèse :
J.-E. LABBÉ.

Vu par le doyen,
G. COLMET-DAAGE.

VU ET PERMIS D'IMPRIMER
Le Vice-Recteur de l'Académie de Paris,
A. MOURIER.

—177— Paris. — Imp. F. Pichon, 14, rue Cujas.

PARIS. — IMPRIMERIE F. PICHON, 14, RUE CUJAS

www.ingramcontent.com/pod-product-compliance
Ingram Content Group UK Ltd.
Pitfield, Milton Keynes, MK11 3LW, UK
UKHW021047230726
13926UKWH00004B/1695

9 782016 132272